엄마 연습

엄마 연습

초판 1쇄 찍은 날 · 2013년 10월 21일 ｜ 펴낸 날 · 2013년 10월 25일
지은이 · 지조이 ｜ 펴낸이 · 김승태
등록번호 · 제2-1349호(1992. 3. 31) ｜ 펴낸 곳 · 예영커뮤니케이션
주소 · (136-825) 서울시 성북구 성북1동 179-56 ｜ 홈페이지 www.jeyoung.com
출판사업부 · T. (02)766-8931 F. (02)766-8934 e-mail: jeyoungedit@chol.com
출판유통사업부 · T. (02)766-7912 F. (02)766-8934 e-mail: jeyoung@chol.com

ISBN 978-89-8350-869-0(03230)

값 12,000원

*잘못 만들어진 책은 교환해 드립니다.
*본 저작물은 저작권법에 의해 한국 내에서 보호를 받는 저작물이므로 무단전재와 무단복제를 금합니다.

이 도서의 국립중앙도서관 출판시도서목록(CIP)은 서지정보유통지원시스템 홈페이지(http://seoji.nl.go.kr)와 국가자료공동목록시스템(http://www.nl.go.kr/kolisnet)에서 이용하실 수 있습니다(CIP제어번호: CIP2013020507).

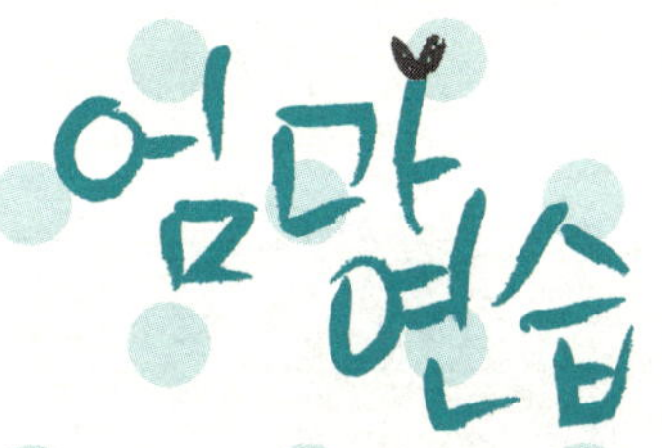

세 자녀를 하나님의 명품으로 기르는
엄마의 육아메시지

지조이 지음

차례

에필로그

고백

첫 딸 대니엘린을 품에 안은 지 어언 12년이 흘렀다. 대니엘린을 낳은 후, 두 딸이 더 태어났다. 우리 가족은 다섯이라는 적지 않은 숫자로 늘어났다. 나 아닌 네 명의 다른 구성원들과 함께 삶을 꾸려가는 동안 '엄마가 뭐 하는 사람인지', '엄마의 존재는 자식에게 어떤 것인지', '하나님은 가족의 제도를 왜 만드셨는지', '가정이란 어떤 곳이어야 하는지'를 배우고 있다. 아이들이 있기에 가능한 여정이다.

또래의 다른 아이들과 마찬가지로 평범하게 학교에 보내 교육할 수도 있었지만, 하나님은 우리 부부에게 직접 아이들을 교육할 수 있는 새로운 기회로 인도하셨다. 아이들과 24시간 함께하며 신앙을 키우고, 삶에 필요한 지식과 지혜를 서로 주고받으며 자라간다.

AT&T PARK

이렇게 자녀들과 24시간을 보내는 것은 세상에서 그 무엇과도 바꿀 수 없는, 일평생 단 한번 주어진 과업을 이루는 것이며, 그만큼 투자할만한 가치가 있는 소명이라는 것을 알게 하였다. 성경을 읽으며 기도할수록 '엄마'라는 이름이 얼마나 성스러운 직임인지를 깨닫는다. 목사, 박사, 의사, 판사, 선교사 등 훌륭한 직업이 많이 있지만, 그 어떤 것과도 비교할 수 없는 위대한 이름이 바로 '엄마'이다. 자녀를 낳으면 자연스럽게 되는 것이 '엄마'지만, 그것은 단지 생물학적인 시작일 뿐 진실로 완성은 날마다 계속되는 일상의 연습이며, 훈련이라는 생각이 든다.

12년간 참 엄마가 되는 법을 연습하고 훈련할 수 있도록 인도해 주신 하나님의 은혜와 가르침이 얼마나 친절하고 깊던지. 감사한 마음과 더불어 초보엄마들의 새로운 여정에 조금이나마 힘을 주고 싶어서 그 동안의 은혜를 작은 책으로 엮게 되었다.

여느 엄마들처럼 아이들 뒤치다꺼리 하느라 뒤에서만 지내다가 믿음의 자매들의 지속적인 격려와 기도로 용기를 얻었다. 이 책을 정리하는 동안, 내 마음에서 떠나지 않던 기도 한 가지는 '하나님의 마음을 담아주소서!'였다. 이 책을 읽

게 되는 각 사람의 영혼에 하나님의 마음이 전달되길 기도한
다. 특별히 믿음의 딸로서 엄마가 된 이들이 '모성애'의 본질
을 깨닫고, 가정을 사역지로 알며, 온전한 마음으로 헌신하
여 건강한 믿음의 가정들이 더 많이, 더 강하게 세워지길 기
도한다.

하나님의 딸이며 한 남편의 아내이며

세 딸의 엄마인

지조이

감사

이 책은 나 혼자만의 기록이라고 할 수 없다. 먼저는 내가 사랑하는 하나님 아버지께서 처음부터 끝까지 함께 하셨고, 주변의 많은 목사님과 영적 리더에게서 영감을 받았다. 홈스쿨링이 뭔지도 몰랐던 무지한 나에게 본보기가 되어 준 선배 홈스쿨러들, 가정사역자로 헌신하며 양서를 저술해 주신 훌륭한 선배 엄마들의 좋은 책들이 글쓰기와 자녀양육의 교사가 되어주었다. 실제 삶 속에서 부모의 본보기가 되어주신 친정부모님과 시부모님, 홈스쿨링의 부르심을 신실하게 실천해 가고 있는 소울 메이트인 남편과 나의 영혼을 부요하게 하며 성숙하도록 도와 준 세 자녀에게도 사랑과 감사의 마음을 전한다.

요술거울

아이들은 모두 마음속에 요술거울을 하나씩 가지고 있다. 백설공주의 새엄마처럼 마음속에 숨겨둔 요술거울말이다. 아이들은 하루에도 수십 번씩 거울에 대고 확인한다.

"거울아, 거울아 이 세상에서 누가 제일 예쁘니?"

"그야, 네가 제일 예쁘지."

이 대답을 들으면 안심이 되고 하루를 행복하게 살 힘이 생긴다. 친구들이 좀 괴롭혀도 툭툭 털어버리고 다시 시작할 수 있다. 성적이 좀 떨어져도, 선생님한테 부당하게 꾸중을 들어도 금세 마음을 일으키고 깔깔거릴 수 있게 된다.

"야, 그걸 질문이라고 해? 네 꼬라지는 네가 알 거 아니야!"

야속한 요술거울의 대답. 요술거울이 못 먹을 걸 먹었거나 기분 나쁜 일이 있었나보다 생각하고 잊어보려 애쓰지만 온종일 속이 답답하고 신경질이 난다. 친구가 놀자고 해도 몸이 반응하지 않아 구석에 쪼그리고 앉아 있어야 하고 오랜만에 듣는 선생님의 칭찬도 그리 기쁘지가 않다.

아이들의 마음속에 있는 요술거울은 과연 누구일까? 아이들 마음속에 있는 요술거울은 바로 엄마, 아빠이다.

아이들은 하루에도 수십 번씩 요술거울에게 묻는다.

"세상에서 내가 젤 예뻐?"

"내가 공부 못해도 좋아?"

"가끔 실수해도 괜찮아?"

그럴 때마다 요술거울은 어떻게 반응해야 할까?

혹시 변덕부리는 마귀할멈 같지는 않은가?

혹시 옆집 백설공주만 두둔해 주고 비교하는 거울은 아닐까?

요술 거울은 항상 같은 대답을 해주어야 한다. 그게 제대로 된 거울이다.

"아무렴! 네가 세상에서 제일 예쁘고말고. 너처럼 멋지고 똑똑한 아이는 세상에 없어! 사랑해!!"

Chapter 1
자식의 은혜

MILK
Brown sugar
black beans
doughnuts

어색한 만남

아침부터 간간이 찾아온 진통이 오후까지 계속되자 남편이
병원에 전화를 걸었다. 순간 여러 가지 감정이 교차되었다.
때가 온 것이 기쁘기도 했고 두렵기도 했다. 퀸에마병원에
도착해 예약확인을 한 후 휠체어에 탔다. 걸을 수 있다고 했
더니 병동까지 꽤 걸리니 휠체어를 이용하는 것이 좋겠다고
한다. 가다보니 그러길 잘했다는 생각이 들었다. 보기보다
병원이 꽤 컸다. 복도도 어찌나 길던지. 처음 마음이야 걸을
수 있을 것 같았지만 아마 끝까지 걷지 못했을 것이다. 병동
으로 가는 내내 진통이 주기적으로 찾아와서 배를 움켜쥐어
야만 했다.

분만실로 들어갔더니 간호사가 옷 갈아입는 것을 도와주
었다. 몇 가지 기구를 배 위에 둘러준다. 산소호흡기를 끼워
줄 때는 겁이 덜컥 났다. 호흡이 더 어색해졌다. 함께 따라
들어온 친정엄마의 시선이 안절부절 못하신다. 외동딸의 출

산을 지켜보는 엄마의 마음은 어떨까? 나는 딸의 출산을 지켜볼 수 있을까? 엄마도 나를 낳을 때 이렇게 낳았을까? 그런 생각을 하는 그 순간이 사치였다는 것을 그때는 몰랐다.

병원에 도착했을 때 3센티미터 가량 열렸다고 한 자궁문이 뼈와 세포 하나하나를 비틀어대는 지독한 고통이 휩쓸고 지나가기를 몇 시간동안 수없이 반복했는데, 4센티미터에서 멈춰 더 이상 열리지가 않는다며 간호사만 연신 들락거린다.

첫 출산이라 출산의 고통이 어떤 것인지, 하나님께서 만들어 놓으신 그 출산의 과정을 알고 싶어서 진통제를 맞지 않겠다고 했다. 그래서인지 뼈가 나뉘고 살이 찢어지고 각 기관이 이동하며 세포들이 무너져 내리는 그 고통은 말로 표현할 수가 없었다.

'아. 예수님께서 이렇게 죽으셨구나. 생살에 못을 박은 것이 이런 것이었겠구나.'

고통이 격해질 때는 미친 소처럼 정신을 차릴 수가 없었다. 베개로 입을 막고 얼마나 큰 소리로 악을 썼던지, 허리춤까지 내려오던 긴 머리카락은 엉킬 대로 엉켜 출산 후에도 몇 주간 빗이 들어가지 않을 정도였다. 그렇게 몸부림을 치다 시계를 보니 자정이 지났다.

'나는 아이를 낳을 수 없는 사람인가? 왜 아기는 나오지 않는 것일까? 얼마를 더 견뎌야 할까? 아니, 얼마를 더 견딜 수 있을까?

간호사는 진통이 올 때마다 힘을 주면 아이가 밀려나온다고 자꾸 힘을 주란다. 친정엄마는 말도 통하지 않는 간호사에게 화를 내신다.

"때가 되면 어련히 알아서 나올 텐데, 왜 힘든 사람 자꾸만 힘주게 해서 더 힘들게 해."

괜히 들어오시라고 했다. 나보다 엄마가 먼저 쓰러지실 것만 같다. 엄마는 애써 참고 있었지만 나는 엄마가 파르르 떠는 것을 보았다. 새벽 2시가 넘어가고 있을 때, 간호사가 의사를 불렀다. 그리고 아기 머리가 보인다며 큰 소리로 외쳐대는 간호사의 구령에 맞춰 힘을 주어보지만 제대로 힘이 들어가지 않았다. 하염없이 눈물만 흘리고 있는데 의사가 가위를 집어든다.

가위로 살을 자르는 데도 전혀 아픔이 느껴지지 않는다. 아이를 꺼내서 다 끝났나 싶었는데, 돌연 의사가 소리를 지르고 갑자기 분만실이 시장바닥이 되어버렸다. 몇몇 사람들이 더 뛰어 들어왔다. 탯줄이 아이 목을 두 바퀴나 감았다는 소리까지 들었다. 아기는 어떻게 되는 것일까? 도대체 아무것도 알려주지 않는다. 답답했다. 나중에 엄마 말이 탯줄을 감고 있어서 새파랗게 질린 아이를 미처 다 빼내지도 못하고 목에 감긴 탯줄을 끊어내느라 그 난리였다고 한다(아기가 탯줄을 감고 나오면 산소공급이 원활하지 않아 뇌손상을 입는 경우가 있다). 의사들은 부지런히 아이를 탯줄에서 풀어낸 후 쏜살같이 어디론가 데려가 버렸다.

요즘은 아이의 충격을 줄여주기 위해 수중출산을 하기도 한다는데, 그렇게까지는 못해도 아빠가 탯줄을 잘라주고 엄마 가슴위에 올려 정식으로 환영하고 싶었다. 우리는 그런 거룩한 예식은 고사하고 정신없이 얼굴도 마주하지 못했다.

뱃속을 가득 채웠던 아이와 태반, 양수가 다 빠져서일까? 몸이 허하고 으스스 떨려오기 시작했다. 사시나무마냥 떨고 있으니 간호사가 어디서 따뜻한 담요를 몇 장 가져다 덮어준다. 병실로 옮겨주겠다는 따뜻한 간호사의 목소리를 들으며 잠이 들었나보다. 눈을 떠보니 병실이었다.

나는 병실에 왔지만, 아기는 아직도 검사 중이라고 했다. 낳으면 끝인 줄 알았는데, 힘들여 낳자마자 또 긴장해야 했다. 저절로 기도가 나왔다. 아이가 무사하기를 바라며 기댈 곳이 하나님 밖에 없었다. 울며 기도하고 잠들기를 여러 번 했다.

아, 다행히 뇌손상이 없단다. 분홍색 담요로 꽁꽁 싼 아기
가 분홍색 모자를 쓰고 투명 플라스틱 침대에 뉘어져 있었다.
남편이 아기침대를 가까이 끌어다 준다. 낯선 아기가 누워있
다. 나를 전혀 닮지 않았다. 아무리 봐도 닮지 않았다.

"우리 아기 맞아요? 바뀐 건 아닐까요?"

남편에게 물었다.

"우리 아기 맞아. 봐, 날 닮았잖아."

우리 **첫 아기** 대니엘린과는 이렇게 어색하게 만났다. 제대
로 준비된 환영식도, 엄마의 따뜻한 환대도 받지 못한 채 세
상으로 왔다. 아기를 낳고 나면 한없이 기쁠 줄만 알았는데,
한편으로는 감격스럽고 기쁘기도 했지만 다른 한편으로는
뭔가 쓸쓸하고, 낯설고 알 수 없는 느낌이 들었다.

모유를 먹여보겠느냐고 간호사가 묻더니 오른팔에 들려
주며 안는 법을 설명해 준다.

"아가야, 내가 네 엄마야."

그때야 비로소 아기 얼굴을 제대로 보았다. 젖을 물리고
기다렸더니 아기가 젖을 열심히 빨기 시작했다. 그 모습이
신비롭기도 했지만 설명할 수 없는 긴장감을 느끼게 했다.

내가 잘 할 수 있을까? **잘 키울 수 있을까?**

왕무식 왕초보 엄마 

결혼 전부터 기독교단체 간사로, 교회대학부 간사로 부르심을 따라 열심히 미래의 가정을 위해 준비하고, 기도하며 나름대로 노하우를 쌓았다. 그러나 실전에 부딪히니 말처럼 되지 않는 게 한두 가지가 아니었다. 남편과의 관계도, 자녀양육도 어찌나 생각대로 되는 게 없었다. 새롭게 배우는 마음으로 심기일전하지 않으면 안될 만큼 이론과 실제의 차이를 뼈저리게 경험했다.

부모 밑에서 주는 것만 받아먹고 살던 32년의 수동적인 세월을 청산하고 스스로 정글 속으로 뛰어들어 먹이를 물어다 새끼에게 먹여야 하는 능동적인 개체로 바뀌고 보니 세상이 이전과 확연히 차이가 있었다. 아이를 낳기 전에는 모든 것에 자신이 있었고, 누구보다 훌륭하게 키울 수 있을 것 같았다.

"여태껏 배운 게 얼만데, 남도 다 하는 일인데 뭐."

큰 소리 땅땅 치고 마이크를 쥐었는데 가사가 하나도 생각 나지 않아 식은땀만 줄줄 흘리는 가수의 첫 무대처럼 난감했 던 적은 얼마나 많았던지, 쥐구멍이라도 있으면 들어가고 싶 었던 적이 얼마나 많았던지, 자식을 키우는 것은 누구나 하 는 일이지만 결코 쉬운 일은 아니라는 것을 깨달았다.

퇴원 후, 며칠 뒤에 검사를 받으러 병원에 갔다. 아이를 이 리저리 살피던 의사는 아기가 젖을 잘 먹느냐고 묻는다. 그 렇다고 했다. 의사는 나를 보더니 어떻게 아느냐고 한다. 불 쾌했다.

'뭐 이런 질문이 다 있어? 젖을 잘 먹는지 안 먹는지 모르 는 엄마도 있나? 엄마가 바보야? 자기 젖을 빠는데 그걸 몰 라? 뭐 저따위 질문을 하고 있어? 이 사람 돌팔이 아니야?'

의사가 나더러 아기에게 젖을 물려보라고 한다. 그렇잖아 도 심기가 불편한데 그 자리에서 젖을 물려보라니. 뭐라고 한마디 해주고 싶었지만 다짜고짜 애를 안기는 간호사 때문 에 하는 수 없이 아기에게 젖을 물렸다. 아이는 열심히 쭉쭉 빨기 시작했다. 나는 보란 듯 곁눈 짓을 했다. 의기양양한 내 게 의사는 아기가 젖을 먹지 않고 있다고 한다. 눈이 휘둥그 래졌다.

‘뭐라고? 이렇게 열심히 빨고 있는 거 안보이나?’

의사는 아기의 목을 보라고 했다. 꿀떡꿀떡 삼키면 목 부분이 움직일 텐데 아무 움직임이 없다는 것이다. 그러고 보니 입으로는 죽을 힘을 다해 빨고 있지만 정작 목 부분은 움직임은 전혀 없었다. 그때의 민망함과 당황스러움이란……. 젖이 전혀 나오지 않고 있었다. 손으로 짜보라고 해서 손으로 짜보았더니 정말 한 방울도 안 나는 것이었다.

출산 후 아기는 밤마다 깼다. 아기니까 밤에도 깰 수 있다고 생각했지 배고파서 자주 깨는 것인 줄은 몰랐다.

출산 후 두 주가 지나자 소아과 의사를 정하라고 했다. 특별히 알고 있던 소아과 의사도 없고 해서 병원의 추천을 몇 받았는데 마침 모유수유 운동본부 회장직을 맡은 의사가 있어 그분으로 정했다. 분유를 먹이겠다는 생각은 한 번도 해보지 않았고, 낳기만 하면 당연히 나오리라 생각했던 모유가 그때까지도 나오지 않자 의사의 도움이라도 받을 요량이었다.

미역국을 보약처럼 마시기도 하고 중국인 친구가 고아준 족발 국물을 들이켜 보기도 했지만 허사였다. 허기진 아기는 한시도 잠을 푹 자는 법이 없었으니 산모와 갓난아기가 뜬눈으로 밤을 새는 날이 계속되었다.

의사는 한 달 동안은 아무것도 먹이지 않아도 죽지 않는다며 절대로 다른 것을 먹여서는 안 된다고 신신당부를 했다. 나도 반드시 모유를 먹이고야 말겠다는 굳은 의지가 있었기에 의사 말대로 아무것도 먹이지 않았다. 아기는 자꾸만 살이 빠졌다. 하루가 다르게 살이 빠지는 아기와 밤낮으로 잠을 잘 수 없는 엄마, 둘은 점점 지쳐갔다. 친정엄마가 한 달 동안 몸조리를 도와주기 위해 하와이에 와 계셨기에 그나마 버텼다. 엄마마저도 없었다면 우리 둘다 어떻게 되었을지 모르겠다.

보통 4주를 쉬고 외출을 한다는데(미국 산모들은 더 빨리 외출을 시작한다) 중요한 교회행사가 있어 석주 만에 남편과 함께 아기를 데리고 교회에 갔다. 평소에 우리 부부를 아끼고 사랑해주셨던 할머니들이 출산을 하고 온 나를 반겨주시기는커녕 실컷 야단만 치셨다. 특별히 친어머니 이상으로 아껴주시던 한 분은 신신당부를 하신다.

"모유가 안 나오면 분유라도 먹여야 애가 살지. 의사 말이라고 다 믿으면 어떻게 해. 오늘 집에 가면서 분유 꼭 사가. 알았지? 약속해."

끝까지 약속을 받아내신 할머니 덕에 작은 분유를 한 통 사갔다. 집에 가서 아기에게 먹이니 세상에 아기가 환장을 하고 들이키는 것이 아닌가.

　나중에 남편이 찍어둔 큰딸의 아기사진을 보고 소스라치게 놀란 적이 있었다. 대니엘린의 모습이 영양실조로 빼빼마른 난민처럼 야위어 있었기 때문이다. 내 눈이 가려서 보지 못했던 것이다. 모유를 포기하진 않았지만 그때부터 분유를 함께 먹이기 시작했다. 병원에서 모유촉진기도 빌려다 사용해보고 이것저것 총동원하면서 갖은 노력을 했는데도 4개월밖에 먹이지 못했다. 더군다나 젖병 빠는 걸 더 좋아하게 된 대니엘린이 나중에서 젖 물리는 걸 별로 달가워하지 않았다. 그래도 세 딸 중에 제일 오랫동안 모유를 먹었지만 말이다.

MILK
Brown sugar
doughnuts

치유실이 된 화장실

어느덧 자녀를 낳고 기른 지 12년차가 되었다. 12년을 네 등
분해보니 3년마다 큰 변화가 있었다. 처음 3년은 무척 힘이
들었다. 고통스러운 시간이었다. 생명을 잉태하고 하나님의
거룩한 생명사역에 동참할 수 있다는 감격도 있었지만, 아이
를 낳고 기르는 과정에서 나의 내면을 적나라하게 보게 된
괴로움의 시간이기도 했다.

앞서 언급했지만 왕무식한 엄마로 인해 대니엘린의 신생
아 시기는 고생으로 점철된 시간이었다. 모유 좋은 것만 알
았지, 융통성을 발휘하지 못해 아이를 거의 죽일 뻔하였던
일은 생각만 해도 끔찍하다. 그런데 초보엄마의 서투른 육아
는 거기서 끝나지 않았다. 여러 번 쓴 고배를 마셔야 했다.

아이를 낳고 집에 있게 되자, 나는 미루어 두었던 공부를
할 수 있는 절호의 찬스라고 생각했다. 외부활동도 접고 사

역도 내려놓아야 했기에 집 안에서 보내게 된 시간이 거저 주어진 것으로 알았다. 그동안 보지 못했던 책을 잔뜩 구해서 읽기 시작했다.

대니엘린이 돌이 되었을 즈음의 일이다. 대니엘린보다 몇 개월 먼저 태어난 아기가 너무 말을 잘하는 것을 보았다. 그때까지도 대니엘린은 거의 말을 하지 않았다. 비슷한 시기에 태어난 아기와 비교가 되니 염려가 되기 시작했다. 목사님과 동석한 자리에서 대니엘린이 돌이 되었는데 말을 하지 않는다고 말씀드렸다. 사람들은 여러 가지 말로 위로하면서 약간 늦는 아이가 있다고도 하고, 두 가지 언어에 노출되어 자라는 아이들이 시작은 조금 늦지만 다른 아이들보다 훨씬 말을 잘하게 될 거라는 분들도 있었다.

목사님께서 나에게 물으셨다.

"대니엘린에게 말을 많이 건네주세요?"

"네? 애기랑 무슨 얘길 해요? 말상대가 안 되는데……."

나의 무식함은 그렇게 하늘을 찌르고 있었다.

요즘 엄마들은, 엄마의 쉴 새 없는 수다가 아이의 두뇌를 자극해 똑똑해진다는 사실쯤은 다 알고 있을 것이다. 그러나 그 당시 적어도 나에게는 가려진 진리였다. 그 질문을 받고 보니 나는 대니엘린과 거의 대화를 나누지 않고 있었다. 대니엘린은 온 방바닥을 기어다니거나 일어서 보려고 안간힘을 쓰면서 하루를 보내고 있었다. 나는 단지 그 옆에서 유유자적 열심히 독서에 빠져있을 뿐이었다.

아차 싶었다. 아이를 낳았다고 저절로 잘 키울 수 있는 것이 아니구나 하는 생각이 드니 가만히 앉아 있을 수가 없었다. 그때부터 주께 매달리며 지혜를 구하기 시작했다. 다른 책을 덮고 자녀 양육서를 섭렵하기 시작했다. 먼저 고민하고 먼저 해결책을 찾아 나선 선배 엄마들의 조언이 절실히 필요했다(자녀양육서라면 지금도 본능적으로 손이 간다).

그러나 그것은 겨우 시작에 불과했다. 대니엘린이 소변을 가리기 시작할 때였다. 미국의사들은 아이들이 만 2살 정도 되어야 소변을 자연스럽게 뗄 수 있는 나이라며 서두르지 말라고 하였다. 소변가리기를 너무 빨리 시작하면 아이나 엄마에게 스트레스가 되어 정서상 더 좋지 않으니 아이가 소변을 인식할 나이에 시작하는 게 가장 자연스럽다고 말한다. 그래서 돌이 될 때까지 그냥 두었다.

문제는 한국서 오신 친정엄마의 눈에 거슬렸다는 사실이다. 연년생 둘째의 출산을 도우러 오신 엄마는 지속적으로 나를 구슬렸다. 아이 엉덩이가 얼마나 비위생적이겠느냐, 기저귀라도 빨리 떼어 생활비에 보태는 것이 좋지 않겠느냐고 종용하신 것이다. 남편이 교회사역, 선교단체 사역 중에 신학공부까지 하고 있었던 터라 어렵사리 살림을 꾸려나가고 있었으니 귀가 솔깃해졌다.

아기용 변기를 하나 얻어 거실에 두고 표정이 바뀔 때마다 앉히고 성공할 때마다 스티커를 붙여주곤 했더니 이내 알아듣고 신나게 소변보기 연습을 하기 시작했다. 그렇게 잘하던 애가 어느 날 외출하려고 준비를 하고 있었는데 그만 거실 카펫에 실례를 하고 말았다. 약속 시간에 맞추어 분주하게 준비하고 있던 터라 마음은 급한데다 집주인이 갈아준 지 얼마 되지 않은 카펫이어서 깨끗이 쓰려고 온갖 애를 쓰고 있는데 그 위에 쉬를 한 것이다. 어찌나 화가 나던지 엉덩이를 몇 대 때렸다. 카펫으로 스며들까봐 얼른 마른 수건, 젖은 수건을 끌어다 샴푸로 닦고 누르고 난리 법석을 떤 뒤에 마음을 안정하려던 참이었다. 현관 입구 부엌, 타일이 깔린 곳에서 있던 대니엘런 발밑이 흥건히 젖어있는 것이 아닌가. 그새 또 싼 것이다!

"야! 너 미쳤어?"

그렇게 말했던가? 정확히 생각이 나진 않지만 그 당시 내

심정으로는 딱 이 표현이었을 것이다. 지금 내 머릿속에 남아있는 장면은 대니엘린 엉덩이를 엎어놓고 실컷 팼다는 것뿐이다(지금도 그때 생각을 하면 눈물이 핑 돈다. 어린 아이가 얼마나 놀랐을까?). 둘째 채러티의 분유와 기저귀 가방을 챙기고 있던 남편이 놀라 뛰쳐나왔다.

"왜 그래? 무슨 일이야?"

얼마를 울었을까? 화장실 문을 잠그고 변기 위에 앉아 몇 시간을 **통곡**했던 것 같다. 내 손이 미웠다. 소변 실수한 것 가지고 왜 그렇게 화를 냈을까? 도대체 내 속에는 얼마만큼의 분노가 내재되어 있기에 폭발하면 걷잡을 수가 없을까?

그때 깨달았다.

'나는 절대적으로 하나님의 은혜가 필요한 사람이구나. 아이를 낳았다고 다 엄마가 되는 것은 아니구나. 내 속에는 뭔가 고쳐야 할 것이 많구나. 이런 모습으로 어떻게 아이들을 키울 수 있을까?'

또 다시 그런 상황이 되면 나 자신을 감당할 수 없을 것 같았다. 그런 생각이 들자 두려운 마음마저 생겼다.

한참을 화장실에서 나오지 않는 아내가 걱정이 되었던지 화장실 문을 두드리고 두드리다 결국 문을 따고 들어온 남편이 들어왔다. 나를 안아주며 기도해 주었다.

엄마 연습

그것이 마지막 실수였다고 말할 수 있다면 얼마나 좋을까. 그 뒤에도 여러 번 대니엘린을 아프게 했다. 화가 나면 내 속에서 일어나는 분노를 걷잡을 수가 없었다.

"하나님, 도와주세요. 화가 나도 참을 줄 알게 해 주시고 손목을 아예 묶어주세요."

그럴 때마다 남편의 도움이 늘 고마웠다. 내가 화가 나서 얼굴빛이 변하면 (두 얼굴을 가진 여인이었던가?) 화장실로 쫓아 주었다. 그때부터 화장실로 뛰어 들어가기 시작했다. 화장실은 나의 병원이 되어 주었다. 그곳에서 나의 어그러진 내면을 고쳐주실 수 있는 의사 하나님을 만났다. 화장실에서 울고불고 주님 앞에 내 흉측한 모습을 내어놓는 작업을 반복했다. 몇 달을 그렇게 하자 조금씩 '분노' 폭발이 진정되기 시작했다. 기도도 바뀌었다. 화가 나도 때리지 않도록 기도했던 것이 화가 나기 전에 아이의 입장을 먼저 생각하고 이해할 수 있는 바다 같은 엄마마음을 달라고 기도하게 되었다.

하나님의 눈

"아악!"

대니엘린의 그 조그만 몸뚱이가 땅에 곤두박질치더니 팔이 부러지고 말았다. 팔목이 'ㄱ'자로 꺾어졌다. 나는 새파랗게 질렸고 벤치에 앉아 책을 읽고 있던 남편이 뛰어왔다. 눈물이 주룩주룩 흘러내렸다.

그날따라 병원은 왜 그리 멀게 느껴지던지, 황급히 응급실로 뛰어갔다. 진통제를 먹이고 엑스레이를 찍었다. 팔목의 뼈, 두 대가 부러진 것이 보였다. 뼈가 너무 꺾여서 부러져 수술을 해야 하는 것은 아닌가 했는데, 깁스를 하고 두 달 정도 있으면 뼈가 붙을 것이고 뼈가 일단 붙고 나면 팔이 자라면서 서로 밀어주어 제자리를 잡을 것이라고 한다. 혼비백산했던 대니엘린의 표정이 차츰 안정되는 것을 보니 안심이 되었다. 진통제 덕분에 통증이 조금 가셨나보다.

그 사고가 난 때가 대니엘린이 만 3세 되던 해였다. 호놀룰루 마노아 공원에서 홈스쿨링 가정들의 연합 모임이 있어서 참가했다가 사고가 난 것이다. 매주 화요일이면 홈스쿨링 가정들이 함께 모여 예배도 드리고, 공부도 하고, 미술활동도 하고, 게임도 하며 시간을 보낸다. 각 가정에서 준비해 온 것을 뷔페식으로 나누며 소풍도 하는데, 아이들에게도 부모들에게도 무척 즐거운 시간이었다.

그날도 여느 때처럼 오전 활동을 마치고 점심을 나눈 뒤 놀이터로 나가 뛰어놀기 시작했다. 대니엘린은 평행봉을 잡고 이동하는 것을 아주 즐거워했다. 끝까지 가지도 못하면서 언니 오빠들 뒤를 따라 꼭 잡아보고 싶어 해서 두 칸 정도를 혼자서 이동하면 내가 아래서 받아주곤 했다. 그때도 평소처럼 대니엘린 차례가 되었을 때 바로 아래에서 대기하고 있었다. 대니엘린을 받아주려는 순간 내 발 아래에 사람이 있는 것 같았다. 그 아이를 밟지 않으려고 한 발을 옮기는 순간 대니엘린이 아래로 떨어지고만 것이다.

그 더운 하와이에서 땀을 삐질삐질 흘리며 2개월 동안 깁스를 해야 했던 대니엘린. 'ㄱ'자로 꺾어졌음에도 다행히 뼈가 잘 붙어서 수술은 하지 않아도 되었지만 간지러워서 징징거릴 때마다 튀김용 젓가락을 넣어 슬슬 긁어주곤 했던 기억

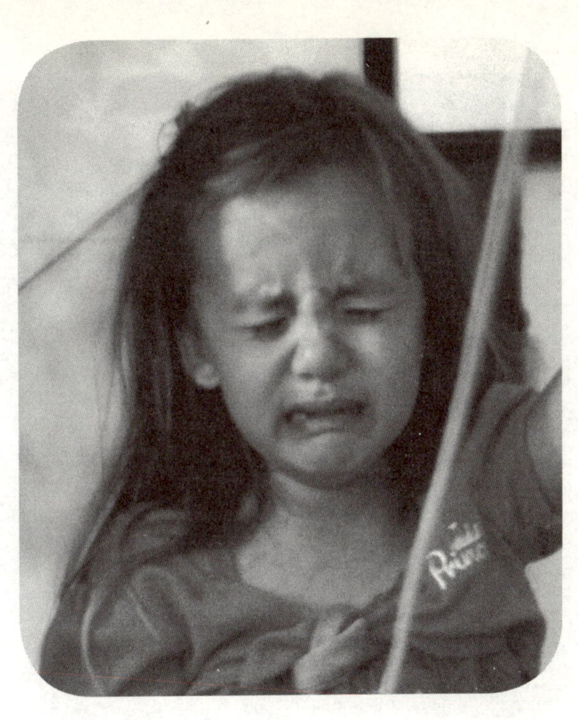

이 지금도 난다.

　둘째 채러티도 응급실에 실려간 적이 있었다. 잘못 넘어
지면 뒤로 넘어져도 코가 깨진다더니, 붕 나르더니 하필이면
문지방으로 떨어질게 뭐람. 이마가 찢어져서 네 바늘을 꿰매
야 했다. 그것뿐이겠는가? 놀이터에서도 다치고 넘어져서 얼
굴 한 쪽이 짓이겨지고, 입술도 터지고, 코피를 쏟았던 일도
있다.

호피도 예외는 아니다. 미끄럼틀 반대편에서 수직으로 떨어져서 입술이 찢어진 적도 있다.

아이들이 사고를 당하거나 다치는 것은 상처 크기를 막론하고 속상하고 안타까운 일이다. 다치지 않게 하기 위해 지키고 있었는데 바로 그 자리에서 사고를 당한 대니엘린을 보면서 간혹 내 마음에는 알지 못하는 죄책감이 들기도 한다. 그럴 때마다 주님은 모든 것을 맡기는 연습을 하게 하셨다.

이유는 알 수 없지만 엄마, 아빠가 어떻게 해줄 수 없는 일이 벌어진다. 사람의 힘으로 해결할 수 없는 것을 가지고 씨름한다는 것은 안타까운 일이다. 툭툭 털어버리고 일어설 줄도 알아야 한다. 엄마 아빠는 최선을 다할 수 있지만 완벽할 수는 없다. 인간이기 때문이다. 그래서 주님의 도우심이 필요한 것이다. 완벽하려고 애쓰기보다는 주님께서 우리 아이들을 지켜주시도록 기도하는 부모가 되는 것이 훨씬 쉽다.

다윗도 밧세바에게서 얻은 첫 아들이 죽어가자 식음을 전폐하고 기도했다. 그러나 막상 아이의 생명이 끊어지자 재를 털고 일어나 일상생활로 돌아갔다. 의아했던 대신들이 그 이유를 묻자 이렇게 답한다.

> 아이가 살았을 때에 내가 금식하고 운 것은 혹시 여호와께서 나를 불쌍히 여기사 아이를 살려 주실는지 누가 알까 생각함이거니와 지금은 죽었으니 내가 어찌 금식하랴 내가 다시 돌아오게 할 수 있느냐 나는 그에게로 가려니와 그는 내게로 돌아오지 아니하리라 하니라(삼하 12:22-23).

2011년 겨울, 믿음의 친구, 짐 하버드와 미니 박 원장 부부가 운영하던 "더 홀리킹덤"이라는 뮤지컬 영어아카데미에

서 겨울캠프가 열렸다. 마침 우리 세 아이를 초대해 주셨다.
마지막 야외활동은 에버랜드! 둘째 채러티는 너무 신이 나서
잠을 이루지 못할 정도였다.

아이들은 신이 나서 짐을 챙기고 있는데 갑자기 내 마음에
평온함이 사라지면서 약간의 헛구역질을 동반한 불안증이
몰려들기 시작했다. 홈스쿨링 중인 우리 가족은 아이들과 대
부분의 시간을 함께 한다. 떨어질 일이 별로 없다. 아이들의
안전을 위해서 놀이터에서 놀 때도 아이들끼리 보내지 않고

꼭 따라다닌다. 아이들과 떨어지는 것이 익숙하지 않은 이 소박한 아줌마의 가슴에 불안이 몰려든 것이다.

'아이들이 그 넓은 곳에서 무리에서 떨어지기라도 하면 어쩌지?'

'혹시 다치기라도 한다면?'

'누가 유괴해가지는 않을까?'

'인신매매범에게 걸리기라도 한다면?'

별별 생각이 꼬리를 물었다. 얼른 기도를 시작했다.

"하나님, 이 아이들을 보호해 주세요. 신나고 새로운 경험으로 즐거운 하루를 보내게 해 주세요."

그리고 아이들에게는 만일의 사태에 대비해 교육을 시켰다. 함께 간 친구들과 멀리 떨어지지 말 것, 둘이 반드시 동행할 것, 한 사람만 화장실을 가고 싶어도 꼭 같이 가줄 것, 전화번호도 다시 암기해보도록 했다. 그리고 거룩한(?) 파송식을 거행했다. 그래도 불안한 마음은 사라지지 않았지만 믿음으로 아이들을 보냈다. 아이들을 출발시키고 나서도 종일 나의 소심함으로 불안했지만 그때마다 내 마음을, 아이들을 하나님께 맡겨드렸다.

저녁이 되자 세 딸은 아무 일 없이 집에 도착했다. 아이들은 신나게 놀았다며 재잘재잘 이야기 보따리를 풀어놓았다.

주님께 너무 감사했다. 나의 불안함을 쏟아 놓을 수 있고 실제로 의지할 수 있는 주님. 오늘도 주님은 아이들과 함께 해 주셨고 나의 마음에 평강도 부어주셨다. 자녀를 잘 보호하고 키우라고 맡겨주신 것이지만 간혹 자녀들과 함께 있을 수 없는 상황이 생기기도 한다. 그럴 때마다 불안함에 빠져 있을 것이 아니라 더욱 주님을 의지해야겠다.

자녀들이 자라면서 부모가 따라다닐 수 있는 시간은 점점 줄어들 것이다. 그때마다 주님께 의지하고 맡기면 확실하다. 육신의 부모 눈은 한계가 있지만 천리안을 가지신 주님의 눈이 아이들을 불같이 지켜주실 것이기에. 물론 "그리하지 아니하실지라도 감사합니다!"라는 믿음의 고백을 할 수 있는 준비까지 되어 있으면 더 좋을 것이다.

> 네 마음을 주의 얼굴 앞에 물 쏟듯 할지어다……네 어린 자녀의 생명을 위하여 주를 향하여 손을 들지어다(애 2:19).

자식을 이기는 엄마

이따금씩 떼쓰는 아이 앞에서 꼼짝없이 당하는 부모들을 본다. 그런 모습을 지켜보고 있노라면 왕초보 엄마 때의 기억들이 새록새록 일어난다. 우리 첫 딸 대니엘린이 생애 처음 공식적으로 떼를 쓴 것은, 같은 아파트에 살면서 알게 된 유대인 친구 데비의 집을 나설 때였다. 현관에 드러눕더니 가지 않겠다고 떼를 쓰며 자지러지는 것이 아닌가. 생전처음 당한 일이라 어찌할 바를 몰랐다. 차근차근 설명하며 달래보려 했지만 막무가내로 소리를 지르는 데 속수무책이었다. 얼른 들어 올려 신발을 신기고 인사를 하는 둥 마는 둥 자리를 떴다.

그 다음 날, 데비를 다시 만났을 때 어제의 일을 얘기했다(데비는 평소에도 지혜로운 행동으로 나를 감동시키곤 했던 터라 진심으로 알고 싶었다). 그렇게 떼를 쓸 때는 어떻게 하면 좋겠느냐고 조언을 구했다.

"나도 대니엘린 엄마처럼 했을 거예요. 별 수 없죠, 뭐. 그냥 데리고 자리를 뜨는 수밖에요."

어찌해야 할지 몰랐는데 내가 내린 결정이 그나마 지혜로운 이웃을 불편하게 하지 않았다니 다행이었다.

자녀를 잘 다루고 싶다면 잘 다루는 법을 배워야 한다. 나는 후배엄마들에게 농담처럼 말하곤 한다.

엄마 연습

"애하나 키우는 게 얼마나 깊은 학문인지 알아?"

자녀양육은 연구하고 심혈을 기울이고 부지런히 배우고 적용하며 각자 가족에게 딱 맞는 교육법, 양육법을 세워나는 과정이다. 자녀양육도 실험정신이 없다면 발전할 수 없다. 특별히 하나님의 자녀로 올바르게 키우고자하는 소망이 조금이라도 있다면 누구보다 더 부지런히 발품을 팔아야 하는 게 바로 자녀양육이다.

인생의 작은 한 분야를 연구하거나 돈벌이에도 죽을 만큼 노력하는 사람들이 얼마나 많은가. 그런데 한 인생의 기초를 놓는 일이 어디 그리 호락호락하겠는가. 그렇게 힘든 과정이고 애써야 하는 과정이지만 보람 있는 일이다. 밀알이 썩을 땐 고통스럽고 힘들지만 싹이 나는 모습을 볼 때는 모든 시름이 한방에 날아가는 희열을 느낄 수 있듯 기쁜 일이다. 거기에 열매까지 맺히는 모습을 본다면 얼마나 기쁘겠는가?

자식을 이기는 것이 좋을까, 자식에게 져 주는 것이 좋을까? 부모의 고민은 끝이 없다. 결론부터 말하자면 어렸을 때는 자식을 이기고 크면 저주는 것이 좋다. 자식 이기는 부모 없다는 말이 있지만 자식이 어렸을 때는 반드시 이겨야 한다. 그런데 혹시 반대로 하고 있지는 않은가? 어렸을 때는 간이고 쓸개고 다 빼주고, 어떤 버릇없는 짓을 해도 귀엽다며

받아주다가 자라면서 점점 고삐를 죄고 있지는 않은가?

어느 날, 미국인인 남편이 지적해 주었다.

"왜 한국 부모들은 어렸을 때는 잡지 않고 다 큰 자식은 저렇게 잡으려고 하지?"

그 말을 듣고 생각해 보니 그것이 미국 엄마들과 한국 엄마들의 양육법 중 가장 큰 차이점일지도 모른다는 생각이 들었다. 미국식 자녀양육을 보니, 어렸을 때는 확실히 잡아주고 사춘기를 계기로 조금씩 풀어주다가 성인식을 계기로 완전한 한 개체로 독립시킨다. 눈에 보이는 물리적인 독립도 이루어지는 시기지만 정서적으로, 정신적으로, 영적으로 완전한 독립이 이루어진다.

식당을 운동장으로 알고 뛰어다니는 아이들을 단속해 주지 않는 우리 한국 부모들. 아이가 어려서 통제할 수 없다고 한다. 어려서 통제할 수 없다면 크면 더욱 통제되지 않는다. '언젠가 고쳐지겠지, 크면 알아서 잘 하겠지.' 그렇게 생각하기 때문에 방치하는 것 같다. 예절과 공중도덕은 어려서부터 가르쳐야 습관이 베이는 법이다. 어려서 마땅히 배워야 할 것을 가르치지 않고 그냥 두면 부모 코앞에서 문을 쾅 닫고 들어가 버린다든지, "내 인생에서 빠져 줘!"라고 소리 지르거나 부모를 지나가는 똥개만도 못하게 여기는 파렴치한으로 변질될 수도 있다.

반대로 어려서부터 몇 가지만 잘 가르쳐 놓으면 평생 편하게 기를 수 있다는 비밀도 존재한다. 감사하게도 우리는 일찍 나쁜 버릇의 싹을 자를 수 있었다. 언제인지 기억도 나지 않을 만큼 까마득하지만 첫째랑 둘째 모두 같은 경험이 있다. 엄마에게 야단맞고 방에 들어가면서 문을 쾅 닫은 적이 있다. 사실 이 정도는 별것 아니라고 생각하고 그냥 넘어갈 수 있지만 사건의 크기는 중요치 않다. '최초'의 사건을 다루는 것이 중요하다. 다시 불러 정중하게 말해주었다.

"마음이 불편한 것은 이해가 되지만 아무리 화가 나도 문은 그렇게 닫는 게 아니란다. 다시 닫고 들어가거라."

그 후, 두 번 다시 그렇게 닫는 일이 없었다. 또한 우리는 부모에게 언성을 높이는 것은 용납하지 않는다(평소에 대화를 자주하면 서로 언성높일 일도 없다). 자매들끼리라도 언성이 높아지면 불러서 타이른다.

"사람들은 각기 생각이 다르기 때문에 의견이 맞지 않을 수가 있단다. 그렇다고 목소리를 높일 필요는 없단다. 목소리를 낮추고 다시 대화해 보거라."

이것도 부모의 본이 우선이다. 화내고 윽박지르고 체벌로 다스리기만 한다면 아이들은 반감을 가지고 내적 상처를 키우게 된다. 아이들을 훈계할 때도 소리를 지르거나 고함치는 대신 단호하게 부모의 뜻을 전할 수 있는 품위를 기를 필요가 있다.

하나님은 부모에게 순종하는 사람이 받게 될 축복에 대해 말씀해 주셨다.

> 너는 네 하나님께서 명령한 대로 네 부모를 공경하라 그리하면 네 하나님 여호와가 네게 준 땅에서 네 생명이 길고 복을 누리리라(신 5:16)

자녀들이 부모를 공경하면 세상에서 인간이 누릴 수 있는 두 가지 큰 은혜를 받게 된다. 장수와 복. 이보다 더 좋은 은혜가 인간에게 있을까?

그러면 어떻게 부모를 공경하는 자식이 될 수 있을까? 순종은 자녀들이 결정해야 할 문제라고 생각하는 부모가 많다. 부모가 희생하고 사랑을 주면 자녀는 당연히 부모에게 고분고분 순종하고 부모를 존경할 것이라고 생각한다. 그러나 사실은 부모공경도 부모로부터 배우는 덕목이다. '부모에게 순종하는 법'도 부모가 가르쳐야 한다.

공부만 시킬 것이 아니다. 오냐 오냐 받아주기만 할 것이 아니다. 부모와 자식 간에 지켜야 할 도리를 가르치는 것도 부모의 몫이다. 아이들은 한계선을 넘어보려는 호기심이 왕성하다. 그래서 언제나 부모의 권위에 도전하게 된다. 그것은 아주 어려서부터 나타나는 현상이다. 주로 '힘겨루기'라고 하는데 어리다고 내버려 둘 수 없는 부분이다. 힘겨루기에서 지면 부모를 자기 마음대로 가지고 놀려고 하는 아이가 되기 때문이다. 일명 '버릇없는 아이'로 불리는 아이들은 부모가 힘겨루기에서 져준 경우다.

어떤 노부모는 세 아들이 결혼하겠다고 며느릿감을 데려올 때마다 두 사람을 앉혀놓고 말씀하셨다고 한다.

"너를 이만큼 키우는 데는 공도 많이 들고, 시간도 많이 들었지만 돈도 많이 들었다. 우리는 이제 늙어서 힘도 없고, 돈을 벌 수도 없으니 수입의 10%는 우리 몫으로 떼어주기 바란다."

세 아들은 지금도 꼬박꼬박 수입의 10%씩을 부모님께 전달해 드린다고 한다.

얼마나 합리적인 제안인가? 부모님께 선심 쓰듯 용돈만 드릴 것이 아니라 정해놓고 수입의 얼마를 드리는 것은 매우 좋은 방법이라는 생각이 든다. 자식에게만 돈을 쓸 것이 아니라 우리에게 투자하신 부모님을 위해서도 수입의 얼마를 쓰는 것이 어찌 보면 당연한 것이 아닌가 싶다. 물론 부모님이 재력가여서 도움이 전혀 필요 없는 상황이라면 모르지만 부모님이 자녀들에게 모두 투자해 아무것도 없는 형편이라면 자식 된 도리로서 당연한 일일 것이다. "가난한 형제에게 네 마음을 강퍅히 하지 말며 네 손을 움켜쥐지 말라"(신 15:7) 하셨는데 부모에게는 오죽하랴.

남편은 미국인이지만 한국의 부모공경은 매우 성경적이라고 말한다. 자신의 것을 아끼지 않고 자식에게 투자한 부모의 연금은 자식이 마땅히 보장해야 한다. 나중에 잘되면 효도하자며 자신을 속이지 말자. '나중'은 없다. 효도는 지금 하는 것이다. 쓰고 싶은 데도 많고 저축도 해야겠지만 조금 아껴서 부모님께 드려보자. 그보다 더 큰 선물을 하나님께로부터 받게 될 것이다.

요즘은 어찌된 일인지 노부모에게는 큰소리치고 어린 자식에게는 쥐어서 산다. 반대로 개혁해보면 어떨까? 부모님께는 고개를 숙이고 자식들 앞에서는 권위회복이 된다면 우리 아이들도 이 다음에 커서 배운 대로 하지 않을까? 순종하는 자에게 주시는 축복을 우리 자녀들이 다 받을 수 있도록 부모에게 순종하는 법을 지도하자.

자식을 위해 자식을 이기는 엄마가 될 것!

　어느 날 아침, 둘째 채러티가 커피를 마셔보고 싶다고 졸라댔다. 이미 카페인 때문에 몸이 더 큰 다음 마셔볼 수 있다고 이유를 설명했기에 그냥 웃으며 자리에 앉았다. 채러티는 포기하지 않고 다시 졸라댄다.

　"엄마, 커피 냄새가 캐러멜 냄새 같아요. 아주 쪼끔만 맛볼게요!"

　그래서 다시 안 되는 이유를 설명해주려는 데 큰딸 대니엘린이 입을 연다.

　"엄마가 한 번 안 된다면 안 되는 거 알잖아. 엄마 말 들어야지. 성경에도 있잖아. 부모님께 순종해야 한다고. 엄마가 안 된다면 이유가 있으신 거야. 그죠? 엄마, 이유가 있으신 거죠?"

자식의 은혜

지인 중에 아름답게 사는 부부가 있다. 그들이 낳은 첫 딸 돌잔치에 가게 되었는데, 거기서 들은 축하메시지 가운데 이런 내용이 있었다.

"여러분, 자식은 부모님의 은혜에 감사해야 합니다. 그런데 부모님들도 자식의 은혜에 감사해야 한다는 사실을 아십니까?"

메시지를 전하는 목사님의 말씀을 들으면서 내내 고개가 끄덕여졌다. 자식에게도 고마워해야 할 것이 참 많다는 것을 다시 한 번 깨닫는 시간이었다. 자식이 하나, 둘, 셋 태어날 때마다 내 인격이 조금씩 성숙해졌고 아이들로 인해 이전에 알지 못했던 기쁨이 우리 집에 가득하게 된 것, 자식들을 바라보며 하나님의 마음을 이해하기 시작했고, 우리를 바라보시는 하나님의 심정을 조금씩 깨닫기 시작한 것, 아직도 턱없이 부족한 작은 나를 엄마라는 이유만으로 모든 것을 맡기

고 따라주는 것, 이 모든 것이 얼마나 감격스러운지 모른다
(때론 부담스럽기도 하지만).

　우리 세 딸은 세상에서 내가 제일 예쁜 줄 안다. 며칠 전에
도 딸들의 대화를 들으며 혼자 행복했다. 셋이 모여 그림을
그리고 있었는데 둘째 채러티가 그린 예쁜 여인을 보고 막내
호피가 묻는다.

“언니, 이거 엄마지?”

“글쎄……. 아직 누군지 안정했어.”

“이거 엄마하자. 이쁘니까. 우리 엄마 이쁘잖아.”

아이들의 작품 속에 자주 주인공으로 간택되는 것이 바로 나다. 엄마라는 이유 하나 때문이다. 우리 딸들은 세상에서 엄마가 제일 좋다며 얼굴을 비빈다. 조금 컸다고 서열을 정확하게 세울 줄도 알지만 말이다.

“아, 아니에요. 하나님을 제일 사랑하고요, 그 다음은 엄마랑 아빠, 그 다음은 대니엘린하고 채러티 언니가 좋아요!”

예수님은 세상에 한 번 태어난 것으로 충분하지 않고 거듭 태어나야 한다고 말씀하셨다. 두 번째 태어나는 것은 영생을 얻는 과정을 일컫는 것으로서 하나님을 온전히 경험하게 되는 것을 말한다. 그런데 자식을 낳고 보니 아이들을 출산할 때마다 엄마인 나도 아이들과 함께 다시 태어난다는 생각이 든다.

육체적으로도 완전한 고통의 절정에 다다라 죽음의 쓴 맛을 보고서야 다시 소생하였고 정서적으로도 그랬다. 영적으로도 예수님과 함께 십자가에 못 박혔다가 부활한 것과 같은 경험을 했다. 아이들을 통해 인생을 이해하기 시작하고 하나님 아버지의 마음을 실제로 경험하게 되었으니 말이다.

하루 종일 북적대던 아이들이 어느새 침대에 눕고 집이 고
요해지면 편하게 쉬어야하는데, 그 잠시를 참지 못하고 아이
들 방을 기웃거리면서 깨닫는다.

'하나님도 내가 보고 싶어서 잠을 안 주무시는구나.'

아무것도 해드리지 못하는 자식이라도 잠든 모습을 보며
머리를 쓰다듬고 볼에 입 맞추고 사랑의 노래를 속삭여 주시

엄마 연습

는 하나님 아버지. 그런 사랑을 받고 살기 때문에 우리도 똑같이 자식들에게 그렇게 하게 되는 모양이다. 간, 쓸개 다 빼주어도 아깝지 않고 제 살 뜯어 먹이면서도 잘 크기만을 바라는 가시고기처럼 그렇게 사랑하시는 하나님의 사랑을 닮아 우리도 그렇게 자식을 키운다.

도저히 엄마 자격이 없음을 깨닫게 해 준 첫 딸 대니엘린(오직 은혜로 '엄마'라는 빛나는 타이틀을 달았다),

근본적으로 내게는 사랑이 없다는 것을 깨닫게 해 준 둘째 딸 채러티(하나님의 사랑이 필요하다는 것을 알게 되었고 구하고 간구했더니 부어주셨다),

주님이 도우시면 나도 성숙한 엄마가 될 수 있다는 희망을 안겨준 막내 딸 호피(주님께서 소망을 심으시고 이루어가고 계신다),

세 딸이 참 고맙다.

Chapter 2
모성충만

MILK
Brown suga
doughnuts
JAM

작은 보폭

한 번은 지인의 가정에서 모임이 있었는데, 일이 있어서 먼저 나서게 되었다. 우리 가족이 일어서자 모두 현관까지 나와 배웅을 해 주셨는데 세 아이가 현관에 쪼그리고 앉아 신발 신는 모습을 보시던 한 분이 말씀하신다.

"매번 이렇게 기다려 주세요?"

그 말씀을 듣고 보니 우리가 그러고 있었다. 자기 신발은 자기가 신는 것이 당연한 일이고, 아이들이니 손놀림이 서툴러 어른보다 시간이 더 걸리는 것도 당연한 것이라고 생각해서 재촉하지 않는 우리의 모습이 신기해 보였던 모양이다. 그렇게 기다려 주는 것이 습관이 되어서 그런지 우리는 깨닫지 못하고 있었는데 그분 눈에는 다르게 보였나보다.

"우리는 답답해서 확 해주고 마는데……. 그렇게 기다려 주시니 아이들이 좋겠어요."

과연 내가 처음부터 잘 기다려주는 엄마였을까? 아니다

나도 처음부터 잘 기다려 주는 엄마는 아니었다.

어느 날 거리를 지나다 한 엄마와 아이를 보았다. 내 눈에 들어 온 것은, 엄마가 아이의 손을 잡고 걸어가는 평범한 모습이었지만 가슴이 철렁 내려앉았다. 2-3살 되어 보이는 아이가 엄마의 손에 잡혀 마치 공중을 붕붕 나르듯이 끌려가고 있는 것이 아닌가. 한참을 바라보았다. 엄마는 매우 정상적인 걸음으로 걷고 있었지만 손에 끌려가는 아이의 모습은 안쓰러웠다.

그 모습을 보고 있으려니 우리 아이들이 떠올라 미안한 마음이 들었다. 부모라는 이유만으로 얼마나 많은 순간 아이들

에게 빠른 걸음을 강요했던가. 어른처럼 행동하지 못한다고 눈을 흘기며 아이의 존엄성을 무시했던가. 공원을 산책하면서도 여유를 가지고 자연을 음미할 생각은 않고, 뒤쳐져 오는 아이에게 소리를 질렀던 조급함이 기억나 쥐구멍이라도 들어가고 싶었다.

여차하면 엄마들은 아이들의 보폭이 우리의 것보다 훨씬 작다는 사실을 잊는다. 엄마에게는 지극히 정상적인 보폭이 아이에게는 부담스러울 수도 있다는 사실을 기억하지 못할 때가 많은 것이다. 아이의 다리가 엄마 아빠의 다리보다 짧다는 사실을 깨닫지 못한다면 우리는 내내 소리만 지르는 부모로 남을 수도 있다.

아이들은 신발 하나 신는 것도 서투르다. 신발 하나 신는 데도 어른보다 훨씬 시간이 더 걸리는 이유는 연습 중이기 때문이다. 어른의 속도에 맞출 수 없다고 해서 스스로 신을 수 있는 연습의 기회를 박탈하거나 타박한다면 아이들은 실망하고 좌절하지 않을까? 신발 하나도 제대로 신을 수 없는 자신을 조금씩 싫어하게 되지는 않을까? 자기보다 빨리 신발을 신을 수 있는 다른 아이들과 비교하면서 자격지심을 앓게 되지나 않을까. 아이들에게 연습할 수 있는 시간을 충분히 주도록 하자. 연습 없이 잘하는 사람은 없으니까.

그 모습은 나에게 두고두고 되새겨야 할 큰 교훈이 되었
다. 그러고 나서 돌아보니 아이의 보폭에 맞춰주지 못해서
삐걱거릴 때마다 육아가 힘들다고 느껴지고 지치곤 했다는
것을 알게 되었다.

첫 딸 대니엘린을 낳고서도 사역을 그대로 계속하고 있었
다. 낮에는 대니엘린을 업거나 유모차를 끌고 다니며 사람들
을 만나고 기도모임을 가졌다. 그런데 대니엘린이 걷기 시작
하자 점점 힘들어졌다. 그 짧은 다리가 어찌나 빠르던지 쏜
살같이 사라지곤 해서 여러 번 애를 먹었다. 미처 수유시간
을 맞추지 못하고 이동할 때는 죽을 듯이 울어대는 바람에
식은땀을 흘리며 과속을 하기도 했다.

속상한 일도 많았다. 기도모임을 인도하거나 말씀을 전하
고 있는데 불쑥 울어버리기도 했고, 다치기도 했다. 기저귀
를 갈아줘야 할 때도 있었는 데 참 난감했다. 몸도 힘들고 마
음도 힘들어 지쳐가던 어느 날 속상함을 한 선배에게 토로했
더니

"이제는 아이에게 맞춰줘야지."

왜 그 생각을 하지 못했을까? 아이에게 맞춰줘야 하는 걸
왜 몰랐을까? 왜 내 생활방식을 그대로 유지하면서 아이를

짐처럼 여기고 있었을까? 왜 누구도 나의 부르심이 '어른'을 위한 사역에서 '아기'를 위한 사역으로 바뀌었다는 것을 가르쳐 주지 않았을까? 그때부터 나는 조금씩 아이에게 맞춰가는 법을 배우기 시작했다. 아이의 작은 보폭에 맞추려니 몇 가지를 내려놓거나 수정해야 했다.

아무리 작은 변화라도 일단 변화가 일어나면 주변 모든 것의 구조를 변하게 한다. 한 인간이 태어나는 일은 매우 큰 변화다. 역사가 바뀔 정도로 거대한 변화가 생기는 것이다. 한 영혼이 우리에게 찾아왔음에도 옛날 방식을 그대로 유지하려고 하니 자꾸만 문제가 생기고 틀어지는 것이다. 변화를 겪어야 하는 어른도 힘들지만 아이들은 가랑이가 찢어져라 따라가도 타박만 받으니 얼마나 힘들꼬.

얼마 전, 두 아이를 둔 엄마와 대화를 나눈 적이 있다. 그는 아이들을 베이비시터에게 맡기고 열심히 교회에서 봉사활동을 하고 있다고 했다. 매일 봉사할 일이 있는 교회라니 아마도 무척 훌륭한 일을 많이 하는 교회인 것 같다. 그는 하루도 거르지 않고 교회 모임에 참석하고 봉사활동에도 열심이었다. 내 과거의 모습이 생각나서 아이들이 아직 어린데 조금 더 돌본 다음, 아이들이 학교라도 다니기 시작할 때 즈음 다시 봉사활동을 시작하면 어떻겠느냐고 조심스럽게 말을 건넸다. 그는 대뜸, 아이들을 우상으로 삼고 싶지 않아서 그런다고 말했다.

우상?

'우상'은 하나님외의 존재를 신성시하는 것이다. 부모가 자녀에게 맞춰주는 것은 자녀를 우상으로 떠받드는 것이 아니다. 어른보다 더 연약한 존재기 때문에 섬기는 것이다. 분명 아이들을 하나님보다 더 높이려는 마음이 생긴다면 회개해야 할 것이다. 그러나 우리를 믿고 어린 자녀들을 맡겨주신 주님의 뜻 또한 귀한 것이다. 아이들이 조금씩 자립할 수 있음에도 부모가 끼고 앉아 조종하고 있다면 그쯤에서 '우상'이라는 말을 꺼내도 좋을 것 같다. 그러나 아직 어려서 천지 분간이 되지 않을 때는 부모가 자신의 삶을 희생하면서 돌봐야 하는 대상인 것이다.

작은 보폭에 맞춰주기를 제일 잘하신 분이 있다. 그분은 나의 보폭에 맞추시려고 가장 소중한 것까지 포기하신 분이다. 인간이 계속해서 하나님께서 보내주신 선지자들과 천사들의 방문을 알아보지 못하거나 죽이거나 쫓아내자(마 23:33-34) 우리의 수준을 이해하시고 눈높이를 맞추기로 결정하신다. 스스로 인간의 몸을 입고 보폭을 맞춰주시려고 이 땅에 오신 것이다. 우리도 주님처럼 해야 한다. 아이들의 보폭에 맞추어 좀 천천히 걸을 줄도 알아야 한다.

내가 좋아하는 아버지와 아들의 모델이 있다. 딕(Dick)과 릭(Rick)의 이야기다. 두 사람의 이야기는 너무 아름다워 사람들 사이에 입으로 전해지고 있고 미디어를 통해 알려지고 있다.

릭은 탯줄을 목에 감고 태어나서(큰딸 대니엘린도 릭과 같이 태어날 때 탯줄을 목에 두 바퀴 감고 나왔다. 그래서 이들의 이야기가 내게 더욱 남다르게 다가오는 지도 모르겠다) 뇌에 산소공급이 되지 않아 뇌성마비와 경련성 전신마비 상태가 되었다. 의사는 식물인간이 될 것이니 8개월이 된 아이를 포기하라고 했지만 부모는 그럴 수 없었다. 릭은 몸도 쓰지 못하고 말도 할 수 없었지만 컴퓨터를 통해 의사소통을 하기 시작했다. '엄마,' '아빠'와 같은 간단한 단어만 쓸 수 있었지만, 어느 날 릭은 마음을 표현한다. 제일 처음 감정을 표현한 것이 "달리고 싶다"는 것이었다.

아버지는 아들의 소망을 흘려듣지 않았다. 아들과 달리기 위해 직장을 그만두었다. 둘은, 릭이 16세 되던 해 8km 자선달리기 대회에 출전해 꼴찌에서 두 번째로 완주했다. 릭은 태어나서 처음으로 몸에 장애가 사라진 것 같은 느낌이 들었다고 한다. 그때부터 두 사람의 달리는 인생이 시작된다. 마라톤 참가 4년차가 되었을 때 둘은 더 큰 꿈을 꾸었다. 아니, 아들 릭이 철인3종 경기에 참가하고 싶다는 뜻을 비친 것이다. 아버지 딕은 수영을 할 줄 몰랐고 자전거도 6살 때 이후로 타지 않았다. 모두 말렸지만 아버지는 곧 수영을 배우고 자전거를 다시 타기 시작했다. 세계 최강의 선수들 틈에서 아버지는 허리에 고무배를 묶고 3.9km 바다수영을 했고, 아

들을 자전거에 태워 180.2km 용암지대를 달렸으며, 휠체어
를 밀면서 42.195km를 뛰어 완주한다. 철인3종 경기는 출발
한지 12시간 안에 들어와야 한다. 두 사람의 기록은 16시간
14분이었지만 관중들은 자리를 떠나지 않고 두 사람을 기다

려주었다.

1982년부터 2005년까지 보스톤 마라톤 대회에서 24회 연속완주, 철인 3종 경기 6회 완주, 단축 3종 경기 206회, 42,195km 마라톤 64회 완주의 기록을 세우고, 달리기와 자전거로 6,000km 미대륙을 횡단하기에 이른다. 그 후, 릭은 1993년 보스턴 특수교육 분야에서 컴퓨터 전공으로 학위를 받았다.

나는 아버지 딕에게서 하나님의 마음을 배운다. 하나님의 사랑이 바로 그런 것이다. 자식을 사랑하기 때문에 모든 것을 포기할 수 있었던 용기는 하나님의 사랑과 닮았다. 릭은 나의 모습이다. 아버지의 은혜가 아니면 아무것도 할 수 없는 연약한 상태였던 내가 어느 날부터 달리기 시작한 것이다. 시원한 공기가 나를 감싼다. 아버지가 내 신음 소리를 듣고 달리기 시작하신 것이다. 나를 위해, 오직 나를 위해, 오직 나를 사랑하기에 나의 다리가 되어주신 아버지.

어찌 이 아버지를 보고 아들을 우상 삼았다고 할 수 있을까? 오히려 딕은 아들을 섬기면서 하나님께 가까이 나아갔을 것이다. 아들을 안을 때마다 하나님께 예배하는 마음으로 무너져가는 다리에 마지막 힘을 주었을 것이다.

진정한 사랑에는 두려움이 차지할 수 있는 자리가 없다.

그곳엔 욕심이 있을 수도 없다. 그저 아이들의 연약한 몸짓을 이해하려는 노력이 있을 뿐이며 아이들의 작은 보폭에 맞춰 천천히 걸을 수 있는 배려만이 있을 뿐이다.

오늘 아이들의 보폭에 맞춰 조금씩, 더 조금씩 천천히 걸어보는 것은 어떨까?

MILK
Brown sugar
peanuts

모성충만

'모성충만'이라는 주제를 다룬 책을 접한 적이 있다. 저자가 만들어 낸 신조어 "Momfulness"라는 단어를 번역한 것이다. 무릎을 탁 쳤다. 이보다 멋진 번역이 있을까?

모성충만! 현대사회가 어떠한 모양으로 변하든지 인간은 모성에서 떼어낼 수 없다. 어렸을 때를 생각해 보라. 학교 갔다 집에 왔을 때 엄마가 없으면 어떤 마음이 들었는가? 텅 빈 집에 들어오는 마음이 어땠는가? 아이에게 더 좋은 환경과 더 좋은 학원에 보내기 위해 열심히 죽을 만큼 일하고 있다고 말하지만 정작 아이에게 가장 필요한 것이 무엇인지 곰곰이 생각해 보았는가? 아이에게 생명처럼 소중한 것이 무엇인지 생각해 본 적이 있는가? 아이가 간절히 원하는 것이 무엇인지 헤아려 본 적이 있는가?

나는 모성충만과는 정반대의 엄마였다. 첫 딸을 낳고 즉시로 수첩에 인생계획표 하나를 만들었던 기억이 난다. 1년 정도 키우고 나면 나도 하고 싶은 것들을 할 수 있겠지 생각했다. 그런데 이듬해 둘째가 들어섰다. 그래서 표를 고쳤다. 2003년까지 키우고 나면 다시 예전처럼 활동할 수 있겠지. 그랬는데 2003년이 되었어도 나는 여전히 아이 둘의 기저귀를 갈아주는 일에 전념해야 했다. 연년생을 키우는 일이 녹록치 않았다. 얼마나 많이 울었는지 모른다. 하나님을 원망하기도 했다.

"하나님, 제가 하나님이라면 이런 시스템은 안 만들어요. 이게 지금 뭐하는 짓이에요? 밤에 잠도 못자고 애들은 징징거리고, 하나님이 내려와서 한 번 키워보세요. 하나님은 이 고통을 이해 못하실 거예요. 하나님은 이렇게 키워본 적이 없으시잖아요. 조금만 쉬워도 키울만할 텐데 어쩌자고 이렇게 힘든 시스템을 만드셨어요?"

나의 고통스러운 시간이 채 끝나지도 않았는데 2004년 셋째가 들어섰다. 한동안은 주변 사람들에게 말하지 않았다. 마음이 너무 복잡하고 힘들어서 말하고 싶지 않았다. 눈물만 흘렸다. 하나님께 잔뜩 화가 났다. 내 인생은 이렇게 끝나는 건가? 내가 하고 싶었던 일, 나의 부르심. 이 모든 것은 다 날아간 것인가?

2004년 12월 31일, 남편은 송구영신예배에 가고 나는 두 딸을 목욕시켜 재운 후 혼자만의 송구영신예배를 드리며 새해를 맞았다. 자정이 지나고 1시가 가까워 갈 때 내년을 위해 어떤 말씀을 주실까 기대하며 기도하고 있었다. 내 마음 가운데 하나님의 마음이 느껴졌다. 한 줄기 빛이 나의 마음을 정화시켜 주시는 듯 했다. 생명은 하나님께서 주시는 선물인데, 마치 몹쓸 재앙이라도 받은 양 원망하던 내 모습을 보여주셨고, 그 자리에서 회개할 수밖에 없었다. 엄마로부터 환영받지 못해 쓸쓸했을 태아에게도 용서를 구했다. 나의 마음은 변하여 세 번째 생명을 주신 주님께 감사기도를 드릴 수 있었다.

다음 날 아침, 일어나자마자 계획표를 남편 앞에서 찢어버렸다. 가족과 친지들에게 임신을 알리고 축복을 구했다. 모두들 기뻐해 주셨다. 친정엄마만 빼고(친정엄마는 원래 하나만 낳아 잘 기르라고 신신당부하셨던 분이다. 요즘은 여자도 제 할 일하며 당당하게 살아가는 시대니 절대 주렁주렁 낳지 말라고 하셨는데 하나 밖에 없는 딸이 자녀를 셋이나 갖게 되었다고 하니 기가 차신 모양이다).

"주신 거 어떡하니, 잘 키워라."

체념하신 듯 말씀하신다.

그 일 이후, 조금씩 내면이 변하기 시작했다. 하나님께서 왜 이렇게 어려운 과정을 만들어 놓으셨는지 여전히 이해할

수 없지만 나의 태도는 바뀌기 시작했다. 감사가 밀려들었다. 엄마가 된다는 것이 무엇인지 어렴풋이 감이 잡히기 시작했다. 조금씩 재미있어지고 아이들이 사랑스러워지고, 고된 노역 뒤에 맛보는 환희 같은 것을 알아가기 시작했다.

내 인생에 대한 주님의 계획은 나의 생각과 달랐던 것이다. 사역만 중요하게 생각하고 있던 '사역자'의 가슴을 가진 내게 하나님의 사랑을 배울 수 있는 '모성충만'의 훈련과정으로 초대해 주신 것이다. 사역은 내가 아니더라도 그 누군가 할 수 있지만 우리 부부에게 맡겨주신 세 아이는 내가 아니면 키워줄 사람이 없다는 사실을 깨닫게 하셨다. 주께서 주신 세 생명을 복음 안에서 잘 양육하는 것이 내게 주어진 거룩한 직임이라는 사실에 눈 뜨게 해 주셨다. 하나님께서 새로운 직임을 허락하셨다는 사실을 깨닫는데 4년이 걸렸던 것이다. 새 자리에 승진 발령을 받고도 과거의 옷을 벗지 않으려고 안간힘을 쓰던 내 모습을 생각하면 웃음만 나온다.

어떻게 하면 아이 키우는 일을 떨쳐버리고 멋진 삶을 살 수 있을까를 연구하던 내가 진지하게 모성의 직임을 바라보기 시작하니, 말씀을 읽을 때도 어떻게 하면 부모의 직임을 잘 수행할 수 있을까 기도하는 마음으로, 감춰진 보물을 캐내는 심정으로 보게 되었다.

내게는 근본적으로 사랑이 없음을 깨달은 것이 그 즈음에서다. 자녀를 향한 사랑조차 부족한 자가 사역을 하면 얼마나 했겠는가? 제자를 양육하면 얼마를 했겠는가? 내 속에 사랑이 없음을 보고 통곡하기 시작했다. 자식은 낳자마자 사랑스럽다는데 내게는 짐처럼 여겨졌으니. 사랑스러운 순간은 있었지만 근본적으로 내 속에 사랑이 없었기에 어렵고 힘들 때마다 얄팍한 사랑의 '조각'은 온데간데없어지고 고통만 느껴진다는 것을 알게 되었다. 주님의 사랑으로 내 영혼을 가득 채워주시지 않으면 엄마노릇도 할 수 없다는 생각이 들었다. 주님께 매달릴 수밖에 없었다. 주님의 사랑으로 가득 채워주셔서 참 모성애를 흘려보낼 수 있도록 기도하며 '사랑장'으로 불리는 고린도전서 13장을 매일 읽고 묵상하면서 사랑의 모습이 내게서 온전히 나타나도록 연습하기 시작했다.

그러고 보니 아이들이 '엄마!'라고 부를 때 대답하는 태도부터 틀려먹었다는 것을 알게 되었다. 사랑이 배어 있는 음성이 아니었다. 사랑이 담긴 따뜻한 시선이 아니었다. 특히 한밤중에 깨우면 거의 악마의 표정으로 아이들에게 짜증을 내던 자격미달 엄마를 하나님께서 조금씩 고쳐가셨다. 사랑의 물꼬를 터주셨고 표현마저 미숙한 나를 지도해주셨다.

표정연습도 시작했다. 아이들을 위해 거울 보면서 웃는 연

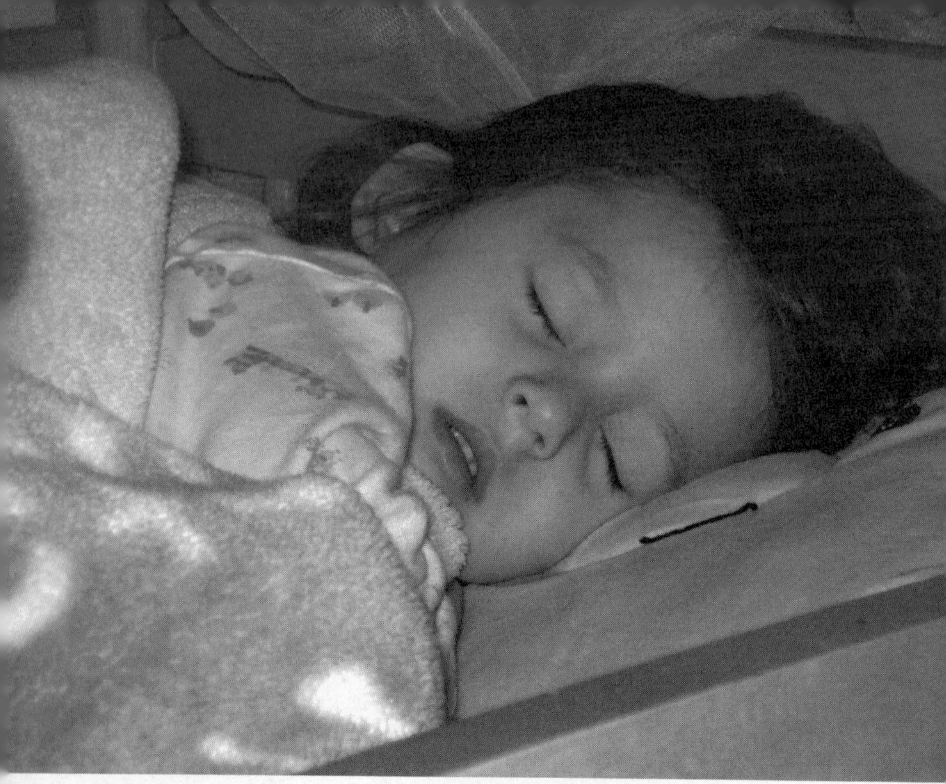

습을 했다. 단잠을 깨워도 '또 뭐야?'의 일그러진 표정으로 째려보지 않기를 다짐하고 또 다짐했다. 잠결에 예전의 버릇이 나올까봐 자기 전에 주님께 단단히 부탁을 드리기도 했다.

"주님, 제가 비몽사몽간에 아이에게 상처주지 않도록 도와주세요."

지금?

내가 봐도 정말 훌륭한 엄마로 변모하고 있다. 아직 역사에 길이 남으신 어머니들에 비하면 "새 발의 피"지만 이전의 내 모습을 생각하면 하나님께서 이루신 기적이 따로 없다.

둘째 딸은 지금도 밤에 잠을 설친다. 몸은 지독히 힘들다. 근 10년 간 한 번도 안 깨고 자본 적이 없다. 때론 슬프기도 하다. 부지런히 이유를 찾으며 이 방법, 저 방법을 써보기도 한다. 어쨌든 그러는 사이 계속해서 밤마다 나를 깨우는 딸을 맞는 태도는 많이 성숙해졌다. 먼저 미소 지으며 얼굴을 본다(그도 정신이 들 때 이야기다. 완전히 기절한 날에는 무슨 일이 있었는지 기억도 못한다).

"채러티 왔어? 엄마 보고 싶어서 왔어? 뭐가 필요해?"
이렇게 다정하게 묻기도 한다.

내 속에 하나님께서 흡족해하실 만큼의 모성애로 채워질 때까지 하나님은 나를 훈련시켜 주실 것이다. 사랑하는 사람들에게 사랑을 표현하는 것이 자연스러워야 타인에게도 사랑을 표현할 수 있을 것이기 때문이다. 나를 불편하게 하는 순간에도 이해하려는 태도로 미소 지을 수 있을 때 피곤하고 지친 영혼을 녹일 수 있기에, 나를 통해 하나님의 사랑을 드러내시고자 하나님은 지금도 나를 고쳐주고 계신다. 오늘도 부지런히 모성애를 연습하고 있는 나는 한 걸음 더 주님께 다가선다. 하나님의 사랑을 잘 보고 배우기 위해.

MILK
Brown sugar
Black beans
Doughnuts

이론과 실제의 균형

가정은 하나님께서 허락하신 가장 중요한 공동체로, 인류의 죄악이 시작되기 전에 세워주신 천국의 모형이다. 가정은 한 생명이 탄생되는 경이로운 곳이며, 죽음의 순간까지 머물다가는 아름다운 여정의 심장부이다. 단위로는 보잘 것 없어 보이지만 그 위력은 가히 파급적인 핵의 눈과 같다. 가정이 무너지면 교회가 무너지고, 교회가 무너지면 세상이 무너진다. 원수가 가정의 중요성을 너무나 잘 알고 있기에 무너뜨리기위해 기를 쓰고 있는 것이다.

우리나라도 이미 이혼율이 50%를 넘어섰다고 한다. 두 커플이 결혼하면 한 커플은 헤어진다는 소리다. 이혼도 심각한 문제지만 부모의 '부재' 또한 심각한 수준이다. 남편들의 마음을 일, 출세, 명예욕으로 가정에서 멀어지게 하더니 이제는 아내들마저 사회에 공헌하라는 명목으로, 돈이면 만사가 해결된다는 물질만능주의로, 커리우먼의 멋으로 꼬드겨 집

밖으로 돌도록 만들고 있다. 경제활동이 불가능한 남편을 두었거나 편모인 경우는 어쩔 수 없겠지만 자녀들이 어느 정도 클 때까지는 부모 가운데 한 사람이 가정을 지키는 것이 장기전에서 이길 승산이 크다. 맞벌이 부부의 경우 자녀들이 방치될 확률이 높을 수밖에 없기 때문이다.

내 백성의 부녀들을 그들의 즐거운 집에서 쫓아내고 그들의 어린 자녀에게서 나의 영광을 영원히 빼앗는도다(미 2:9).

B. 맘스쿨(Biblical Mom School)*을 통해 만나게 된 한 분의 고백을 들어보자.

결혼해서 10년 내내 부부가 치킨집을 운영하느라 아이들끼리 '알아서' 크도록 방치할 수밖에 없었다고 한다. 아이들은 부모의 시선을 피해 PC방 등을 전전했으며 맞벌이 부모님을 둔 친구들을 찾아다니면서 늦게까지 집 밖에서 배회하곤 했다. 그분은 주님을 만나고 인생을 새롭게 시작하기 전까지는 오직 '돈'을 많이 벌어야겠다는 생각뿐이었다고 한다.

이제 가정의 중요성을 깨닫고 나서 아이들을 보니 놓친 것

---

* B. 맘스쿨(Biblical Mom School): 저자가 운영하고 있는 성경적 자녀양육 훈련프로그램.

이 한두 가지가 아니란다. 큰 아들과 둘째 아들의 학교성적이 부진한 것이 마음이 아파서 도와주고 싶은데 방법을 모르겠다며 속상해 한다. 자녀들이 어렸을 때 맞벌이를 하느라 신경을 써주지 못한 것이 내내 후회되는 모양이다.

"저는 엄마 자격이 없는 것 같아요."
라며 눈물을 짓는 모습이 안쓰러웠다.

"정말 자격이 없는 사람이라면 하나님께서 이렇게 귀한 아들을 셋이나 맡기셨겠어요? 하나님께서 얼마나 머리가 비상하신 분이신데 그런 것 하나 모르셨겠어요? 그동안 엄마자격을 활용하는 법을 잘 몰랐을 뿐이에요. 지금도 늦지 않았어요. 다시 시작하는 마음으로 차근차근해 보세요."
라고 격려하며 함께 그분의 가족을 위해 기도하며 돕고 있지만 이미 청소년이 된 아이들이 다시 바르게 자라줄까 하는 의구심을 떨치기가 쉽지 않은 눈치다.

얼마 전, 한 권사님과 대화를 나누었다. 아들과 며느리의 안부를 묻자 요즘 며느리는 '운전기사' 노릇을 하느라 바쁘다고 하신다. 어린 자녀들을 이곳저곳 실어 나르느라 눈코 뜰 새 없다는 것이다.

권사님과의 대화는 자연스럽게 손녀들의 근황으로 이어졌다. 아이들이 예쁘게 잘 크고 있어 바라보는 할머니 마음이 흐뭇하고 행복하다는 말씀을 하셨다. 아들은 이제 아이들이 유치원에 갈 나이도 되었으니 결혼 전처럼 며느리가 다시 직장생활을 해서 가계에 보탬이 되기를 내심 바라는 눈치였지만, 권사님이 말렸다고 하셨다.

"조금 벌어서 조금 써라. 집에도 사람이 있어야 돌아가는 법이다. 둘 다 나가면 집안 꼴이 아무래도 우습게 된다. 조금 모자라게 사는 것이 알고 보면 행복한 것이다."

그러면 며느리는 시어머니 귀에 대고 이렇게 속삭인단다.

"어머니, 감사합니다."

권사님은 둘이 결혼하겠다고 인사를 왔을 때부터 아예 못을 박았다고 하신다.

"난 다른 조건은 없지만 결혼하면 직장생활 할 생각은 하지 말거라."

그때는 예비 며느리의 반응이 그리 신통치 않았지만 지금은 그때 일을 회상하며 감사하고 있다며 아들 내외의 행복한 모습을 자랑하신다.

권사님은 한숨을 쉬시며 덧붙이신다.

"요즘 젊은 사람들은 모든 기준이 돈이어서 가정사가 뒷전으로 밀려나 안타까워. 부모가 둘 다 돈 버느라 집을 비운 사이 인성교육은 날아갔어. 동물사육장이나 마찬가지지?"

　그렇다. 우리는 풍요의 신을 쫓느라 정작 우리에게 허락하신 가장 큰 축복, 자식 농사의 참 의미를 잃어버렸다. 학교 보내고 꼬박꼬박 학원비 내주고 비싼 옷에, 넘쳐나는 학용품, 기름진 먹을거리를 쏟아 붓지만 정작 그런 것들이 자식을 살게 하는 것일까?

　우리나라는 OECD 국가 중 자살률 1위라는 불명예를 얻은 뒤 좀처럼 등수를 내주지 못하고 있다. 요즘은 초등학교 1학년생들 가운데도 자살충동에 시달리는 아이들이 늘고 있다니, 가슴 아픈 일이다.

　자녀들에게 줄 수 있는 최고의 선물은 부모 자신이라고 생각한다. 내 자신을 내어주는 것이 가장 비싼 선물이지 않겠는가? 자신을 내어준다는 것은 여러 가지 의미가 내포되어 있지만 쉽게 생각하면 '시간'을 함께 보내는 것으로 이해할 수 있다. 자신을 계발할 수 있는 시간, 돈을 더 벌 수 있는 시간을 자식을 위해 줄여가며 함께 하려고 애쓰는 그 모습이 곧 자신을 내어주는 것이 아닐까.

　아이들의 방송활동으로 인연을 맺게 된 옷가게 사장님은 자신의 작업실과 가게를 집에서 가까운 곳으로 옮기셨다. 사장님의 아들이 다니는 학교도 가까이 있어서 아들과 함께 할 시간도 확보할 수 있고, 급하면 학교로 찾아갈 수도 있어서 손해를 감수하고 강행했다고 한다. 아이들이 한창 엄마의 손길이 필요할 때 조금이라도 충족시켜주고 싶은 엄마의 지혜가 번뜩였다.

또다른 지인은 사업을 하는 분이다. 육아 때문에 사업을 접을까 망설이기도 했지만 환경이 허락하지 않았다. 그래서 일은 계속하되 사무실을 집 가까이 두어 가족들이 필요할 때 이동하기 쉽게 했다. 특히 그분이 잘하신 일은, 아이들이 하교하는 시간에는 직원들에게 양해를 구하고 집에 가서 간식을 손수 준비하고 아이들을 맞은 것이다. 그렇게 하면 아이들의 학교생활이 어떠한지 속속들이 알고 있을 수밖에 없다는 생각이 든다. 아이들이 간식을 끝내고 숙제할 준비가 되면 사무실로 재출근하여 업무를 마무리 하곤 했다. 거의 한 번도 거르지 않고 그렇게 아이들을 배려했다는 그분의 자녀들은 모두 우리나라 명문대학에 입학하여 자신의 전공을 갈고 닦는 수재들이 되었다.

후배 하나는 남편의 사업이 기울자 취직해서 가계를 꾸려나가고 있다. 잠시 돈을 벌려던 것이 벌써 몇 년의 시간이 흘렀지만 남편의 사업은 펴질 기미가 보이지 않아 계속 일을 하고 있다. 그런데 몇 년 사이 여러 번 직장을 옮겼다. 아직 초등학생인 자녀들 때문에 퇴근이 늦어지는 곳은 계속 다닐 수가 없어서였다. 지금은 수입이 조금 적지만 아이들과 함께 할 수 있는 공부방을 열기 위해 연수를 받고 있다.

또 한 분은 요양원에서 함께 일하자는 제의를 받았다. 경제활동을 염두에 두고는 있었지만 아직 어린 자녀들이 유치원에서 돌아올 때 집에서 맞아주는 일을 포기할 수가 없었다. 기도 끝에 자신의 상황으로는 오전 4시간밖에 일할 수 없음을 알렸고 그것이 수락되어 파트타임으로 일을 재개했다.

나도 몇 년 전에 크게 갈등한 적이 있다. 기독교 출판사와 가정사역을 함께 하고 계신 분이 연락을 하셨다. 미국의 큰 가정사역 단체의 좋은 점을 한국으로 가져와 소개하고 싶다며 영어도 가능하고, 가정사역에도 관심 있으니 함께 하면 어떻겠냐고 제안하셨다. 미국의 그 단체는 개인적으로 관심을 두고 있었고 한국에 그들의 사역이 더 많이 알려져 많은 가정이 변화되면 좋겠다는 소망을 품기도 했던 터라 귀가 솔깃했다. 그 쪽에서 제시한 조건도 좋았다. 일주일에 두세 번만 출근하고 나머지는 재택근무를 해도 좋다고 하셨다.

그 제안으로 몹시 흥분해 있었지만 남편과 상의하며 기도하는 가운데 결국 수락하지 않기로 결정했다. 사역도 좋고, 다른 가정을 말씀으로 세우는 것은 정말 아름다운 일이지만 아직 때가 이르다는 사실을 직면해야 했고, 기쁘게 포기할

수 있었다.

내게는 나만 바라보는 세 딸이 있다. 내가 사역을 시작하면 홈스쿨링은 문을 닫아야 하고 우리 아이들을 학교로 보내야 한다. 그것이 우리 가정의 부르심일까 질문하며 하나님 앞에 나갔을 때 대답은 분명했다. 나는 아직 자녀양육이라는 봉사기간을 다 채우지 못했다. 그러나 대신 가족의 양해를 얻어 간간히 번역과 귀한 목사님들의 강의를 통역하며 영적으로 충전하면서 섬기고 있다.

내가 처음 엄마가 되었을 때 하나님께서는 내 옆에 아주 귀찮은 선배언니 하나를 두셨다. 나만 보면 잔소리를 했다.

"애 키우는 게 세상에서 제일 중요한 일이다. 나중에 후회하지 않으려면 양육에 집중해라. 사역은 나중에 애들 다 키우고 해도 되지만 아이들은 한 번 크면 돌이킬 수가 없단다."

그 당시에는 너무나 듣기 싫은 소리였다. 나름대로 인생의 계획이 있고 멋진 비전이 있는 나를 괴롭히는 소리라고만 생각했다. 그러나 그것이 하나님의 음성이었다. 그 선배의 뒤를 따라 홈스쿨링을 시작했고, 선배가 소개해 준 홈스쿨러들의 연합모임에도 나갔다. 또한 자녀양육이 얼마나 귀한 소명인지 깨닫게 되었다.

엄마가 된다는 것 자체만으로도 쉬운 일이 아닌데 사회생

활까지 염두에 두고 있다면 이중부담이 아닐 수 없다. 전업
주부의 길을 택하자니 혼자서만 세상에서 도태되는 것 같고,
사회생활을 하자니 아이가 혼자 떠도는 것 같을 것이다. 답
답한 마음을 아시는 주님, 막힌 길 뒤에 존재하고 있는 가능
성의 길을 아시는 주님께 간구하면 위에 소개한 몇 분의 경
우처럼 자신에게 꼭 맞는 길을 보이실 것이다. 구하고 찾는
자가 얻게 된다는 말씀을 가슴에 새기고 하나님께서 허락하
시는 가장 적당한 환경을 만날 때까지 구하는 자가 되기를
바란다. 자녀양육을 포기하지 않고도 나의 부르심을 준비할
수 있는 길을 찾을 수 있으리라 믿는다.

　엄마들, 파이팅!

5분, 관심집중의 마술

몇 년 전, 영국에서 한 여교사와 제자가 부적절한 관계를 맺은 사건이 파장을 일으켜 기사화 된 일이 있었다. 요즘 교사와 학생간의 불미스러운 사건이 부지기수로 터져 사회적으로 안타까움을 자아내는 가운데 더욱 안타까웠던 것은 부모의 태도 때문이었다. 사건이 커지기 전에 학생은 부모에게 교사와의 문제에 대해 고백한 적이 있다고 한다. 부모에게 도움을 청하려 고백을 했을 터인데 뜻을 이루지 못했다. 부모가 아들의 마음을 제대로 읽지 못한 결과는 참담했다. 아들의 인생이 망가지는 데까지 이르게 된 것이다. 적절한 시기에 외부의 도움을 받았더라면, 부모가 귀를 기울이고 적극적인 해결책을 모색했더라면 결괴는 달라졌을 것이다.

내가 존경하고 좋아하는 왕 한 분도 그런 실수를 하셨다. 그분은 매우 성공적인 삶을 사신 분이다. 참전하는 전쟁마다 승리하여 칭송받았을 뿐 아니라 하나님의 사랑을 독차지 하

다시피 했다. 재주도 많아 악기연주에도 탁월했으며 시집을

발간하기도 했다. 부와 명예를 누리며 한 시대를 장식한 그

도 자식농사에는 어려움을 겪었다. 그 가운데 압살롬이라는

아들은 아버지의 관심을 얻기 위해 노골적으로 사고를 쳐서

골치 아픈 일을 겪어야 했다. 압살롬은 왕인 아버지 얼굴을

엄마 연습

뵙지 못해 애가 탄 나머지 자신과 아버지 사이에 다리가 되어 줄 수 있는 요압의 보리밭에 불을 지른 후에 아버지를 만날 수 있었다(삼하 14장).

우리 딸들도 내게 가장 큰 불만이 그것이다.

"엄마, 왜 건성으로 들으세요? 제가 무슨 말 했는지도 모르시잖아요."

아무리 바빠도 아이가 와서 옷자락을 잡아당기면 얼른 멈추고 눈을 맞추며 들을 준비를 해야 하는데 간혹 놓칠 때가 있다. 그래도 아직은 볼멘소리를 내주는 솔직한 딸들이 있어서 감사할 뿐이다. 아직은 기회가 있다는 뜻이다.

"어, 엄마가 그랬어? 미안해. 다시 한 번만 말해줄래? 이번엔 정말 잘 들을게."

그러면 눈을 한 번 내리깔고 다시 말해주는 딸들이 그저 고마울 뿐이다.

"우리 엄만 원래 그래. 나한테 절대 관심이 없어."

이렇게 말하며 딸들이 포기히기 전에 얼른 이 버릇을 고쳐야 할 텐데.

자식에게 조금 더 민감하게 반응할 수 있는 부모가 된다면 큰 사고를 미연에 방지할 수도 있을 것이다. 눈치로 가늠할 수 없다면 그들이 하는 말을 잘 들어주면 된다. 물론 적절한 질문을 곁들일 수 있다면 금상첨화다. 자식들이 입을 열면 그들이 하고 싶은 말을 다 끝낼 때까지 들어줄 수 있어야 한다. 자식이 한 마디 할 때, 열 마디로 대꾸해 버린다면 자식들은 속마음을 다 말하지 않을 것이다.

인간관계에 있어 대화만큼 중요한 것이 있을까. 대화는 그 관계의 시작이요, 끝이라 할 수 있다. 대화를 하고 있는 두 사람을 보고 있으면 그들의 관계가 어떠한지 짐작할 수 있지 않던가.

과거, 우리 부모 세대에는 부모와 마주앉아 대화를 나누는 것은 거의 불가능했다. 대화라는 개념조차 없던 시대였다. 부모 앞에서는 공손히 머리를 조아리고 하시는 말씀을 귀담아 듣는 것이 부모와 자식 간의 관계였다. 부모에게 자신의 생각을 잘못 말씀드렸다가는 말대꾸하는 자식이란 오명을 써야했다. 그런 환경에서 자란 우리가 부모가 되었다. 자식들과 대화할 줄 아는 부모가 되고 싶은 마음은 굴뚝 같겠지만 보고 자란 것이 달라 어색하고 서툰 것이 사실이다. 그렇다고 방법이 없는 것은 아니다. 연습하면 된다. 가족끼리 대화하는 법도 꾸준히 노력하고 계발할 수 있다. 가정에서 조

금씩 대화의 물꼬를 트는 연습을 하다보면 자연스럽게 대화
가 이어져가는 것을 볼 수 있다.

가족이 모여 단란하게 대화를 나눌 수 있는 가장 적절한
시간은 식사시간이다. 식사시간을 잘 활용하면 자녀들의 생
각과 배우자의 생각을 들을 수 있는 기회를 얻을 수 있다. 혹
자는 이것을 "밥상머리 교육"이라고도 부른다. 거창하게 교
육이라는 말을 붙이지 않더라도 확실히 부모와의 깊은 대화
는 자녀로 하여금 사려 깊은 사람으로 자라게 한다.

우리 가정은 밥상머리 대화가 자연스럽게 이루어지는 편
이지만 처음부터 그랬던 것은 아니다. 남편은 성품이 온유하
고 조용한 편인데, 사역의 특성상 많은 사람들을 만나 오랫
동안 대화하거나 사역소개 및 강의, 설교 등, 본의 아니게 말
을 많이 해야 하기 때문에 집에서 식사하는 시간이 유일하게
말을 쉬는 시간이다. 아내인 나도 함께 사역에 동참하고 있
기 때문에 온종일 여러 가지로 대화를 많이 나누는 편이다.
그래서 둘 다 조용하고 평화롭게 식사하는 것이 자연스러웠
다. 그러다 보니 식사기 끝날 때까지 한 마디도 하지 않은 적
도 있다.

그런데 세 딸이 조금씩 크면서 말이 많아지고, 이것저것
질문하기 시작하면서 고요하던 적막이 깨지고 대화가 오고

가기 시작했다. 딸들 덕에 자연스럽게 대화의 주제가 생겨나곤 하지만 침묵이 흐르는 경우에는 부모 가운데 한 사람이 질문을 던지면서 대화를 유도하기도 하고, 때로는 그날 새롭게 배운 내용에 대해 나누기도 한다. 새롭게 발견한 것, 새롭게 알게 된 정보 등을 풀어놓다 보면 어느새 식사시간이 끝나버려 아쉽다.

아직 가족 간의 대화가 충분히 이루어지지 않고 있다면 어렵고 힘든 주제로 시작하기보다는 간단하게 오늘 무슨 일을 했는지, 오늘 제일 즐거웠던 일은 무엇이었는지, 마음이 상한 일은 없었는지 정도의 질문을 던지면 대화가 꼬리에 꼬리를 물고 일어나게 될 것이다.

식사시간에 대화를 하기 위해서는 텔레비전을 끄고 식사하는 것이 좋다. 의외로 텔레비전 앞에서 식사하는 가정이 많다. 엄마들에게 자녀양육 강의할 때 이것을 지적했더니,

"텔레비전 없이 밥 먹는 집도 있어요?"

라며 되레 되묻는 경우도 있었다. 농담인줄 알고 우리 모두 한바탕 웃고 지나갔는데 나중에 슬며시 고백한다.

"생전 처음으로 텔레비전을 끄고 밥을 먹었어요. 텔레비전을 끄고 밥을 먹자고 하니까 처음에는 남편이 버럭 화를 내더라고요. 그래서 강의 들었던 얘기를 했더니 마지못해 동

의해줘서 그렇게 했는데 너무 어색했어요.”

조금 더 시간이 지난 후 다시 만났을 때는 아예 텔레비전을 없앨 생각까지 하고 있다며 세 가족이 조금씩이라도 대화를 나누며 밥을 먹으니 더 맛있다며 미소를 던지신다.

자녀가 많은 경우 개별적인 대화의 시간을 마련하는 것도 중요하다. 다른 형제자매들 앞에서 말하고 싶지 않은 것도 끄집어 낼 수가 있기 때문이다. 일대일 데이트 시간을 마련하는 것도 좋다. 반드시 거창하게 이벤트를 해야 하는 것도 아니고 비용을 많이 들이지 않아도 괜찮다. 장을 보거나 볼일을 볼 때, 한 번에 한 자녀씩 데리고 다니는 것만으로도 아이들은 충분하게 엄마, 아빠를 독차지 할 수 있어 행복해 한다. 영화를 보거나 아이스크림 집에 들르는 것도 아이의 마음을 살 수 있는 좋은 기회다. 학교에서 돌아올 때는 잠시 하던 일을 멈추고 아이의 가방을 받아주면서 다정하게 말을 건네자. 간식을 챙겨줄 때도 미소 선물을 얹어주자. 아이들은 엄마의 미소 앞에서 쉽게 마음을 연다.

한 자녀양육 전문가는 하교한 자녀에게 매일 집중적으로 5분을 투자하면 그의 평생을 살 수 있다고 조언하는 것을 들었다. 5분, 별것 아닌 것 같지만 매일 5분씩 시간을 내기란 쉽지 않다. 엄마의 결단 없이는 일상 속으로 묻혀버릴 수 있는 사소한 시간이다. 그러나 매일 자녀를 위해 신실하게 5분을 투자할 수 있다면 예상 밖의 결과를 얻을 것이다.

그 5분은 자녀에게 나를 내어주는 시간으로 쓰는 것이 좋다. 대화를 시도한다는 것이 잔소리를 퍼붓는 시간으로 변질되지 않도록 미리 마음 단속을 하자. 자녀가 마음을 터놓을 수 있도록 차분하게 맞아주며 눈을 맞추고 온전히 집중하는 태도가 자녀의 마음을 열게 할 것이다.

마술처럼 자녀들의 마음을 녹여줄 5분, 실천해 보자.

엄마, 오페라를 짓다

큰딸 대니엘린은 스스로 할 수 있는 것들이 많아졌다. 방청소며 책상정리, 옷정리, 동생들 돌보는 일까지 점점 영역이 넓어지고 있다.

대니엘린에 비하면 두 동생들은 아직 어리다. 둘은 아직도 많은 부분에서 도움을 받아야 하는 처지다. 물 한 잔 마실 때도 키가 닿지 않아 컵을 꺼내 주어야 하고 물병이 길고 무거운 유리병이라 물이 가득 차 있을 때는 따라주어야 한다.

요즘은 둘째 채러티의 독립심을 한 단계 높여주려고 애쓰고 있는 시기다. 오늘 아침에도 성경을 읽다가 엄마를 애타게 부른다.

"엄마, 휴지 좀 주세요. 콧물이 나요."

"자기가 할 수 있는 일은 스스로 하자. 혼자서도 할 수 있는 일은 혼자 해보자."

이렇게 답해주었다. 근데, 그냥 말로만 한 것이 아니라 음

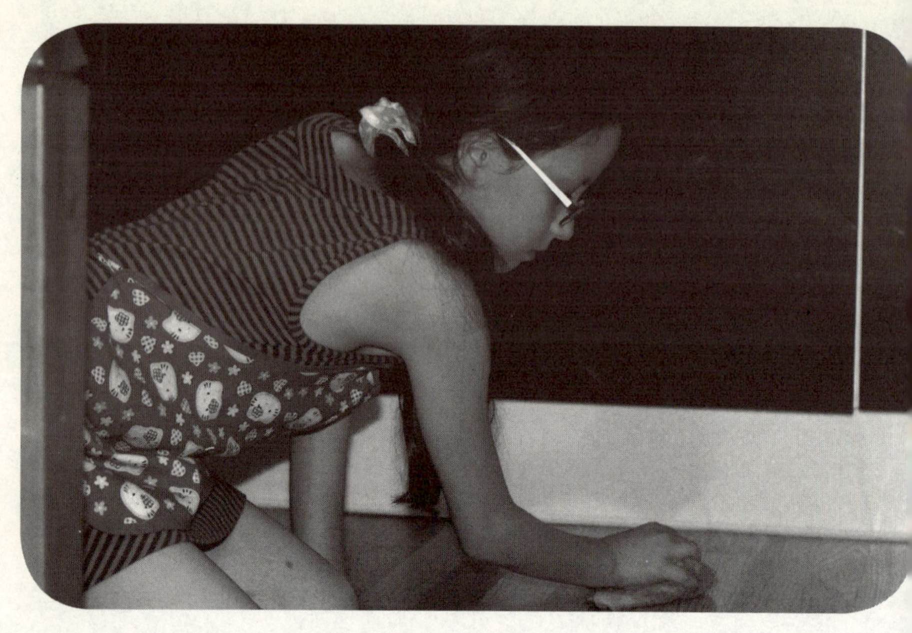

을 붙여 노래를 불러주었다. 이것은 내가 간혹 써먹는 방법
인데, 아주 잘 먹힌다. 특별히 잔소리 할 일이나 언성을 높일
일이 있을 때 곡조를 붙여 오페라를 하듯 하면 불필요한 분노
를 쏟지 않고도 엄마의 숭고한 뜻을 전달할 수 있다. 때론 아
이들도 노래도 화답한다.

"알겠어요, 엄~마아~"

책을 읽다가도 곡조를 만들어 읽기 시작하면 더 재미있는
부분들이 있다. 특별히 영어 동화책을 읽다가 라임부분(단어
말미가 반복되는)이 나온다든지, 페이지마다 반복되는 문장이

나오는 경우가 있는데 노래로 불러주면 아이들이 너무 좋아한다. 대부분 내가 즉흥적으로 붙인 곡조여서 말도 안 되는 음률이 나오기도 하지만 때때로 나 스스로 감탄할 만큼 감미로운 곡조가 튀어나올 때도 있다. 몇 가지 곡조는 아예 외워버렸다. 그래서 그 책을 읽을 때는 똑같은 곡을 사용하게 된다. 아이들은 엄마가 작곡한 거라며 매우 좋아한다.

아이들에게 날짜, 요일, 달 등의 달력 개념을 가르쳐 줄 때였다. 요일은 금방 외울 수 있었다. 미국의 어린이 프로그램 가운데 바니(보라색 공룡)가 있는데, "학교에 간 바니(*Barney goes to school*)"라는 비디오에서 바니와 친구들이 "일주일은 7일이에요"라는 곡을 부르기 때문에 여러 번 흉내내는 동안 다 외울 수 있었다. 그런데 '달'이 문제였다. 우리나라는 숫자로 쭉 나가서 외기가 쉬운데 영어로는 매달 이름이 있으니 어찌 헷갈리지 않겠는가. 어른들도 헷갈리기 쉬운 '달' 이름, 궁리궁리 하던 차에 남편과 함께 앉아 "인디언"이란 동요에 붙여 보았다. 처음에는 매끄럽지 못했지만 몇 번 부르면서 음률과 가사를 맞춰나갔다. 마지막 부분에는 "1년에는 12달이 있대요(*Twelve months in a year!*)"라는 가사까지 붙이는 세련미마저 생겼다.

호피와 함께 스케이트를 타던 어느 날(아직은 호피 혼자서 아

이스링크를 누비게 하는 것이 내키지 않아 늘 호위병처럼 붙어 다닌다. 그날도 호피랑 아이스링크를 누비고 있었다.), 호피는 혼자서 씽씽 달리다가도 내게 손을 내민다. 그러면 마치 듀엣 연기를 펼치듯 내 팔을 붙잡고 다리를 높이 차거나 빙글빙글 도는 등 여러 가지 실험적인 포즈를 취한다. 그러다 가만 들으니 호피가 흥얼흥얼 노래를 부르는 것이 아닌가. 이따금씩 자신의 마음과 생각을 자유롭게 멜로디를 붙여서 흥얼대는 것이 취미인 호피. 그날따라 호피의 흥얼거리는 소리가 평소보다 더 아름답게 들렸다. 감동받은 이 엄마도 함께 노래하기 시작했다. 서로 다른 곡조에, 서로 자기 마음대로 붙인 가사의 노래를 동시에 부르고 있었지만 그 순간은 영화처럼 아름다웠다. 둘이서 그렇게 마음의 노래를 부르며 천국 얼음판을 날아다니듯 누볐다. 돈으로 살 수 없는 행복한 순간이었다. 내가 노래한 것은 엄마가 호피를 얼마만큼 사랑하는지, 하나님께서 호피를 우리 가족에게 보내신 것이 얼마나 감사한지……. 뭐, 그런 마음이었다. 호피는 하나님이 지으신 세상이 얼마나 아름다운지, 가족들이 있어 얼마나 감사한지를 노래했다.

요즘은 그런 날이 부쩍 많아졌다. 가끔 '다윗의 후예답군' 하면서 나 스스로 칭찬을 하기도 한다. 내 속에 이렇게 아름다운 곡조들이 살고 있다는 사실이 신기하기만 하다. 이것이

다 아이들을 홈스쿨링하면서 함께 자라고 있기에 생겨난 결
과이다. 아이들에게 주신 창의성을 배우며 감탄하는 동안 잃
어버렸던 나의 창의성과 아름다움을 회복하고 있는 중이다.

이렇듯, 아이들도 세상에 없는 노래를 만들고 곡조를 붙여
엄마가 직접 만들어 주는 노래를 좋아하지만 우리가 부르는
우리만의 노래를 좋아하는 분이 또 계신다. 하나님 아버지,
하나님께서도 세상에 존재하지 않는, 세상에 알려지지 않는
처녀노래를 좋아하신다. 그래서 나는 하나님께도 세상에 나
오지 않은 나만의 찬송을 불러드린다.

하나님이여 내가 주께 새 노래로 노래하리이다(시 144:9).

약속, 지켜야 아름다운 것 

몹시 피곤한 날이었다. 새벽부터 쏘다녔으니 체력이 바닥이 날만도 하다. 부지런히 귀가하려고 했지만 뜻대로 되지 않아 저녁식사 준비시간이 충분하지 않을 것 같아 마침 우리 집에 방문해서 머물고 있던 막내 올케에게 전화를 걸었다.

"저녁에 치킨 시켜먹자. 밥 좀 앉혀줘. 얼른 들어갈게."

그러고서 전화를 끊었는데 둘째 딸 채러티가 내게 전화를 했다.

"엄마, 오늘 감자튀김 해 주기로 하셨잖아요. 감자튀김 못 먹어요?"

"……(에고, 그렇지. 약속을 했었지. 깜빡했네. 어쩐담? 미룰까? 몸은 파김치가 되었고 시간도 없는데, 그래도 약속은 약속인데 어쩌지?) 엄마가 생각 좀 해보고 전화 다시 해 줄게."

"네."

실망에 가득 싸인 채러티의 일그러진 모습이 떠올랐다.

부지런히 머리를 굴렸다. 그리고 내린 결론은 대견하게도 '약속을 지키자!'였다. 전화를 걸었다.

"좀 늦겠지만 들어가서 감자튀김 해줄게."

말이 채 끝나기도 전에 전화기를 통해 환호성이 터진다.

"와!!!! 들었지? 감자튀김 해주신대!"

"배고플 테니 빵 한 조각씩 먹고 기다리렴."

"넵!"

8시가 되어서야 도착했다. 아이들 취침시간이 9시라 서둘러 저녁을 먹는 편인데 많이 늦었다. 아이들은 눈이 초롱초롱한 채 우리 부부를 기다리고 있다. 부지런히 준비했지만 9시가 되어서야 먹을 수 있었다. 다행히 오늘따라 감자튀김이 더 바삭하고 맛있게 나왔다. 배고픈 아이들은 연신 맛있다며 야금야금 먹는다. 별것 아니었지만 내 육체의 상황을 뛰어넘어 약속을 지키기로 했다는 사실이 마냥 뿌듯했다. 한없이 눈꺼풀이 감기는데도 말이다.

간혹 엄마들이 묻는다.

"일관성을 지킨다는 것이 무슨 뜻이예요?"

일관성을 지킨다는 말은, 말 그대로 '하나의 방법이나 태도 혹은 말을 끝까지 유지하는 것'이다. 이는 자신이 한 말, 약속을 지키는 것이기도 하다. 자신과의 약속 혹은 가족과의 약속, 타인과의 약속, 사회와의 약속, 국가와의 약속, 하나님과의 약속 등이 여기 포함될 것이다. 대부분의 엄마들은 자신이 일관성을 잘 지키고 있다고 생각한다. 나도 그랬다. 일관성을 잘 지키는 사람을 보기 전까지는.

하와이에서 이런 일이 있었다. 어느 토요일, 그날은 동물원엘 가기로 한 날이었다. 집 나설 준비를 하고 있는데 아이들 친구가 놀러왔기에 부모님이 허락하면 함께 데려가겠다고 했다. 아이는 신이 나서 쫓아갔다. 잠시 후, 아이가 엉엉 울면서 돌아와서 말한다.

"아빠가 안 된대요."

나는 아이를 데리고 허락을 받아주러 건너갔다. 아버지에게 자초지종 설명을 하고 특별한 계획이 없었다면 우리가 하루 함께 놀아줄 테니 오랜만에 부부끼리 외출이라도 하면 어떻겠느냐고 제안했다. 아버지는 잠시 생각하더니 내게 말했다.

"감사합니다. 하지만 제가 이미 안 된다고 했기 때문에 오늘은 안되겠습니다."

나는 얼른 알아듣고 아이에게 다음에 다시 기회를 만들자고 타일렀다. 아이는 여전히 울고 있었지만 곧 그칠 것이고 아무 일 없었다는 듯 다시 신나게 놀 것이다. 그리고 실제로 몇 주 후에 두 가족은 함께 동물원 나들이를 다녀왔다.

그 아버지는 자신이 한 말을 지키려고 노력하는 아버지이다. 우리 같으면 얼른 융통성을 발휘했을 것이다. 그러나 때로는 융통성보다 자신이 뱉은 말을 지키려는 노력이 더 필요하다.

일관성은 아이들에게 신뢰감을 심어준다.

"우리 엄마 아빠는 믿을 수 있어!"

이보다 큰 재산이 없다. 부모를 신뢰하지 않으면 존경하기 힘들다는 사실을 알고 있는가? 결국 신뢰와 존경 사이에는 떼려야 뗄 수 없는 상관관계가 있다.

우리 집을 봐도 그렇다. 아빠의 말에는 힘이 있다. 한 마디를 하면 애들은 금세 알아듣는다. 반대로 엄마가 무슨 말을 하면 한 번씩 시험을 한다. 그것은 엄마가 평소에 융통성을 자주 발휘했다는 소리이다. 엄마들의 말이 씨도 먹히지 않는 이유가 있다면 바로 그 놈의 '융통성' 때문이라는 사실을 알아야 한다. 엄마들은 안 된다고 으름장을 놓다가도 아이들이 울거나 떼를 쓰면 져준다는 사실을 잘 아는 아이들은 자꾸 엄마를 시험한다.

그렇다면 무너진 신뢰를 어떻게 회복할 수 있을까? 어떻게 하면 일관성 있는 부모가 될 수 있을까? 그것은 의외로 간단하다. 아이들이 잊어버린 약속을 엄마, 아빠 편에서 먼저 챙겨주는 것이다. 아이들에게 뭘 해주겠다고 약속했는데 아이들이 까먹을 때가 있다. 아이들이 잊어버렸다고 그냥 슬쩍 넘어가지 말기를 바란다. 한 번 잊어버렸다고 영원히 생각이 안 나는 것이 아니다. 언젠가 생각이 나면 배신감이 함께 밀려온다.

'어, 내 이럴 줄 알았어. 엄마가 약속을 또 안 지켰잖아?'

반대로 자기들은 잊고 있었는데 엄마, 아빠가 먼저 챙기면 신뢰감이 솟아오른다. 우리는 일주일에 한 번 아이스크림 먹는 날을 정했다. 아이들이 그렇게 아이스크림을 좋아하면서도 한 번씩 잊어버리기도 한다. 그럴 때 내가 먼저 아이스크림 먹는 날이라는 것을 상기시켜주면 얼마나 큰 환호성을 지르는지…….

일관성을 지키는 것도 어렵지 않다. 한 번 한 말을 지키기만 하면 된다. 엄마들이 자주 실수를 하는 경우가 있는데, 그것은 융통성으로 사랑을 대신하려는 경우다.

"단 거 먹으면 이빨 썩는 댔지?"

그러면서 손은 사탕껍질을 벗겨 아이 입에 넣어주고 있다. 그러면 아이 입장에서 어떤 메시지를 받겠는가? 그 순간에는 엄마를 달콤하다고 생각할지 모르겠지만 신뢰하고 존경하게 될까? 이가 썩는다는 사실을 알면서 사탕을 먹여주는 엄마를 아이는 어떻게 받아들일까?

아이들에게 헛된 약속을 하지 않기 위해서는 신중하게 대답하는 연습을 해야 한다. 아이들이 조른다고 그 순간을 모면하기 위해 경솔하게 대답했다가는 '믿을 수 없는' 부모로 낙인찍히고 만다. 신뢰할 수 없는 부모를 둔다고 생각해보라. 그보다 더 큰 상처가 어디 있겠는가. 주님도 매사에 열정으로만 덤비는 것을 어리석다고 하셨다. 비용을 생각해 보라고 하셨다. 비용이란 어떤 일을 성취하기 위해 전반적으로 치러야 할 대가를 말한다. 그것은 금전적인 대가일 수도 있고 시간적인 대가일 수도 있으며 때로는 정서적이거나 영적인 대가를 요구하는 일일 수도 있다.

> 너희 중의 누가 망대를 세우고자 할진대 자기의 가진 것이 준공하기까지에 족할는지 먼저 앉아 그 비용을 계산하지 아니하겠느냐(눅 14:28).

나는 그런 의미에서 실수를 참 많이 했던 사람이다. 본의 아니게 약속을 지킬 수 없었던 일도 많았다. 내가 약속을 지키고 싶지 않아서가 아니라 비용을 계산해보지 않고 그저 좋은 마음으로 대답했던 것을 감당할 수 없었던 경우들이다.

우리 가족이 한국에 들어온 지 얼마 되지 않아 너무 좋은 목사님을 만나게 되었다. 그분은 남편의 구호활동을 적극지지 하시면서 이것저것 약속을 해 주셨다. 며칠 후, 존경하는 한 교수님과 사역에 대한 아이디어를 공유하던 중 앞서 언급한 목사님 이야기를 나누게 되었다.

교수님은, "사모님, 목사님의 말씀을 너무 신뢰하지 마십시오"라고 말씀하는 것이 아닌가.

당황했다. 목사님의 말씀을 믿지 못하면 누구를 믿으란 말인가. 나의 어리둥절한 표정을 읽으신 교수님은 추가 설명을 해 주셨다.

"목사님께서 나쁜 분이라 약속을 지키지 않을 것이라는 뜻이 아닙니다. 교회란 목사님의 의지대로만 할 수 있는 곳이 아니지 않습니까. 특히 교회가 크고 지도자들이 많은 경우 목사님의 뜻과 다르게 결정될 수도 있는 사안들이 많기 때문에 그렇습니다. 목사님 마음은 무조건 도와드리고 싶으실 수 있지만 다른 분들의 생각이 조금이라도 다른 경우 약속하셨던 것을 다 지키지 못하실 수도 있다는 뜻입니다. 너무 한 분의 말만 믿으셨다가 낭패를 보실까봐 드리는 말씀이니 참고로만 하십시오."

생각해보니, 나 자신도 약속을 지키지 못해 미안하다는 말을 많이 해야 했던 순간들이 생각났다. 죽어도 약속은 지켜야한다는 것이 나의 철학이요 신앙의 표현이지만 일이 생각대로 되지 않았던 때도 많았다. 그럴 때마다 내가 지불해야 할 대가를 미리 계산해 보지 않고 도와주고 싶은 마음만 앞서 덜렁 고개를 끄덕여버리고 말았다는 것을 깨닫게 되었다.

신뢰를 쌓기 위해서는 긍정적인 대답보다는 대답을 책임질 수 있는 태도가 우선이다. 충분히 가능성을 타진한 후에 대답해도 늦지 않다. 늘 급한 마음이 일을 그르친다. 마음이 앞서면 꼭 그렇게 된다. 성령이 앞서고 이성과 감성은 뒤따라가도록 조절해 보자.

약속을 지키는 것은 하나님을 경외하는 마음의 또 다른 표현이다. 하나님은 약속을 지키지 않는 것을 기뻐하지 않으신다. 그분의 성품이 약속 지키기를 기뻐하시는 분이시기 때문이다. 혹시 오늘도 아이들에게 공수표를 날려 신뢰를 저버리지는 않았는지, 약속은 신중하게 하고, 한 번 한 약속은 책임지는 부모가 되어 아이들이 존경할만하며, 믿고, 따를 수 있는 일관성 있는 부모가 되어보자.

범고래가 춤추는 이유 

『칭찬은 고래도 춤추게 한다』는 책이 한반도를 강타한 적이 있다. 그 열기가 아직도 식지 않아 많은 사람들의 입에 오르내린다. 그만큼 '칭찬'은 많은 힘을 가지고 있고, 그 어떤 말보다 효과가 있는 것 같다.

칭찬은 마치 인간의 본질적 능력을 뛰어넘게 하는 어떤 에너지와 같다. 칭찬을 받으면 자신이 없다가도 확신을 얻게 되고, 칭찬을 받으면 별로 소질이 없던 분야에서도 두각을 나타낸다. 그러니 온 인류가 관심을 가질만한 주제이다.

그러나 여느 것이나 마찬가지로, 그렇게 좋은 칭찬이라도 남용한다든지 적절하지 못할 경우 부작용이 따른다는 사실을 간과해서는 안 된다. 특히 아이들의 경우, 어떤 말을 들었을 때 그것이 농담인지, 걸러들어야 하는 것인지, 새겨들어야 하는 것인지, 듣고 흘려버려야 하는 것인지 구별하지 못한다. 그래서 아이들에게는 진심만, 용건만 간단히 전하는 것이 좋다. 칭찬을 구체적으로 해야 효과가 있다는 말을 들어 봤을 것이다. 보약도 잘 써야하듯이 칭찬도 제대로 쓸 줄 알아야 한다(그러려면 공부해야 하지 않을까? 칭찬의 기술을 발전시킬 수 있는 책을 읽는 것은 엄마로서 기본이다).

나는 칭찬을 기술로 빗대기를 좋아한다. 수학공식처럼 딱딱 맞아떨어지는 것은 아닐 테지만 확실히 칭찬에는 가볍게 던지지 말아야 할 깊은 무엇이 포함되어야 하기 때문이다. '칭찬'에 대해 생각해 보려면 이것의 사촌, '감탄'도 함께 볼 수 있어야 한다. 이 둘은 매우 다르다. 감탄은 어떤 경이적인 것이나 훌륭한 모습을 포착했을 때 자연적으로 터지는 환호성이라고 한다면, 칭찬은 '좋은 점 혹은 훌륭한 일을 높이 평가하는 것'이다. 이것은 인간의 어떠한 행동에 말로 보상하는 것을 포함한다. 그래서 칭찬에 기술이 가미되면 보다 현명하고 지혜로운 칭찬을 할 수 있다. 칭찬의 기술을 익히지 못하면 오류를 범할 수도 있다.

최근에 경험한 일이다. 예선이(예명) 엄마는 예선이를 친구가 자꾸만 때리는 데도 반항 한 번 하지 않는 딸에게 위로할 말을 찾지 못해 "잘했다"고 했단다. 시기적절한 말을 하는 것이 매우 중요하다는 사실을 알지만 이렇듯 삶 속에서 실수할 때가 있다. 맞는 것이 잘한 일은 아니다. 친구를 구타하는 것이 나쁜 것인 만큼 맞아주는 것도 건강한 일은 아니지 않는가. 다음번에 동일한 일이 생겼을 때 어떻게 대처해야 하는지 가르쳐 더 이상 구타당하는 일이 없도록 지도하는 것이 현명한 일일 것이다. 친구가 때리려고 팔을 올리면 재빨리 피하거나 팔을 꽉 잡아 방어하거나, 때리는 친구에게 "친구끼리는 때리는 게 아니야"라고 말해주도록 지도하는 것도 한 방법이다. 그렇게 해도 계속 괴롭히거나 힘들게 하면 선생님께 알리고 상대 부모에게 알려 그러한 일이 반복되지 않도록 해야 한다.

심지어는 아이들이 실수한 것을 칭찬하는 말로 얼버무리는 경우도 본다. 아이가 물을 엎질렀을 때, "잘했어, 잘했어!"라고 말하는 부모는 상당히 흔하다. '괜찮다'는 뜻으로 사용했거니 이해는 되지만 아이들은 아직 그런 미묘한 뉘앙스까지 구별할 수 없기에 그대로 받아들일 수가 있다. 그렇다면 아이들은 큰 혼란에 빠질 것이다. 실수를 했을 때는 어떤 위로의 말보다 스스로 원상 복귀시킬 수 있도록 기회를 주자. 물을 쏟은 경우라면, 얼른 걸레를 찾아 닦아내도록 지도한다. 실수를 통해 책임감을 배울 수 있다.

이렇듯 칭찬이 좋은 것이라는 사실은 알지만 오용과 남용의 실수가 있다는 사실을 인정하고 진정한 칭찬의 기술을 익힐 필요가 있다.

범고래가 춤을 출 때까지 칭찬하고 격려하는 사육사들은 스스로 '관찰'에 미친 사람들이라고 고백한다. '신중하고 세심한 관찰'이야말로 관심을 적절한 순간에 칭찬으로 표현할 수 있도록 해 주는 필수 단계이기 때문이다. 그래서 눈을 떼지 않고 지켜본다. 그들은 상대인 범고래를 잘 파악하여 친해지기 위해 관찰한다. 친해진 다음에야 비로소 신뢰를 얻을 수 있고 신뢰를 구축한 다음, 칭찬이 진심으로 전해진다는 사실을 잘 알기 때문이다. 이렇듯 동물훈련을 위해서라도 끝임 없는 관찰과 세심한 주의를 기울이며 관심을 가지며 칭찬하는 데 하물며 만물의 영장을 키우며 돌보는 부모는 어떠하겠는가?

관심을 가지고 자세히 관찰하다보면 각 자녀들의 특성을 발견하게 된다. 그들의 특성은 범고래보다 미묘하여 지속적인 관심과 관찰이 수반되어야 특성에 맞는 칭찬을 할 수 있고, 진심이 담긴 칭찬을 할 수 있게 된다. 칭찬한답시고 섣부르게 행동하면 당혹스러운 상황을 연출할 수도 있다. 때에 맞는, 진심어린 칭찬을 위해 선행되어야 하는 것이 자녀와 신뢰를 쌓는 것임을 잊지 말자. 서로 간에 신뢰를 쌓기 위해서는 관찰하고 친해지는 계기를 만들어 가자는 것이다.

자녀를 관찰하다 보면 각 자녀의 특성에 맞는 자녀양육법을 발견할 수 있는데, 그렇게 될 때, 소문이나 단순한 통념, 경솔한 추측을 의지하고 믿는 사람보다 훨씬 더 발전한 자녀양육법을 세워갈 수 있다. 결국 질 좋은 칭찬을 위해 자녀들을 관찰하다 보면 어느새 그 아이의 특성을 잘 이해하게 되고 그것이 좋은 자녀양육으로 이어질 수 있다는 것이다.

또한 진심어린 칭찬은 또 다른 칭찬으로 이어진다. 부모로부터 진심어린 칭찬을 듣고 자란 아이들은 다른 사람의 좋은 점을 쉽게 발견하고 다른 사람을 칭찬할 줄 아는 사람으로 자란다고 하지 않던가.

우리 부부가 진심으로 다른 아이들에게도 관심을 가지고 칭찬하려고 애쓰며 내 자녀처럼 생각하려고 노력했더니 아이들도 다른 친구들이 좋은 것을 가지고 있으면 기뻐해 주고, 다른 친구들이 잘하면 함께 즐거워해 준다. 자매들끼리도 마찬가지이다.

어느 토요일 오후, 남편과 둘째 채러티가 설거지를 하는 동안 대니엘린과 호피는 책상 앞에서 머리를 맞대고 뭔가를 열심히 오리고 있었다. 대니엘린이 뭔가를 보여 준다.

"엄마, 이것 좀 보세요."

너무 놀랐다. 어찌나 아름다운 마스크가 탄생했는지 감탄
이 저절로 나왔다.

"야! 정말 멋있다."

나의 환호성을 들은 채러티가 뛰어온다. 채러티도 감탄해
마지않는다.

"대니엘린, 정말 예뻐. 어떻게 이렇게 예쁘게 만들었어?"

엄마 연습

우리 딸들이 서로 잘한 것은 칭찬해 주고 서로 즐거워하는 모습을 볼 때만큼 즐거운 순간은 없는 것 같다.

간혹 형제들끼리 시기하고 유산싸움을 하는 등 추한 모습을 매스컴을 통해 보게 될 때마다 마음이 참 시리다. 세상에서 가장 어려울 때 서로 도울 수 있는 사람들이란 일차적으로 형제, 자매들이건만 서로 아끼고 양보하고 사랑하기는커녕 으르렁거리고 남보다 더 못한 사이로 지내게 되는 것만큼 속상한 일이 있을까. 자녀들의 성품은 물론 나 아닌 다른 인격체를 대하는 법도 훈련이고 습관이다. 인간은 기본적으로 선과 악을 동시에 담을 수 있는 존재로 지어지므로 선한 모습을 갖도록 훈련하면 선한 모습이 더 많이 나오게 될 것이

다. 근본적으로 십자가 앞에서 죄를 해결해야 하는 문제가 있지만 말이다.

우리 첫째 딸 대니엘린은 피겨스케이트 어린이 선수였다. 스케이트를 시작한 지 얼마 되지 않아 초급 레벨 테스트가 있던 날이었다. 조로 나뉘어 순서를 기다리며 재미있게 관람하고 있는데 한 아이가 오더니 대니엘린에게 몇 조인가를 물어본다. 대니엘린과 같은 조에 속한 모양이다. 대뜸

"어, 너와 나는 경쟁자다!"

그러는 것이 아니겠는가. 이제 초급시험을 보는 아이들 입에서 경쟁자라는 말이 나올 정도면 나중에 더 높은 단계로 올라가면 어떻게 되겠는가? 물론 대회의 특성상 기술을 얼마나 연마했는지, 그 완성도에 따라 등수가 매겨지고 실력이 판가름 나는 것은 어쩔 수 없지만 그렇다고 나 자신을 제외한 모든 사람을 경쟁자라고 생각하도록 하는 어른들의 사고방식은 정말 잘못된 것이다. 아이들은 앞으로도 수많은 고비를 넘길 일이 있을 텐데, 그때마다 나 아닌 모든 사람을 경쟁자라고 생각한다면 그 삶이 얼마나 외롭겠는가. 나는 우리 딸이 피겨스케이트를 시작한 이상 자신이 원하는 수준만큼의 실력을 갈고 닦기를 바라며 뒷바라지를 했지만, 그것이 무슨 인생을 결정하기라도 하는 양 아이에게 짐을 지우고 싶지도

않고 나 자신을 묶고 싶지 않았다.

금메달을 목표로 하는 것은 좋지만 금메달을 따기 위해 다른 사람이 실패하기를 바란다든지, 자신의 승리를 위해 악한 마음을 품는다든지 악한 일을 행한다면 세상이 얼마나 삭막해지겠는가. 결과에만 목숨을 걸면 많은 것을 잃게 된다. 자신과의 싸움에서 이길 수 있는 사람이 되도록 돕는 것이 가장 건강할 것이며 다른 선수들의 장점을 칭찬해 줄 수 있는 여유를 가질 수 있다면 더없이 훌륭한 선수가 될 것이다.

서로 칭찬해 줄 수 없고 모두 경쟁상대로만 보기 때문에 엄마들이 오버하게 되는 것은 아닐까. 코치와 열심히 훈련하고 있음에도 소리를 지르게 된다.

"몸을 낮춰! 길게 가란 말야. 자꾸 끊기잖아. 선생님이 쭈욱 가랬잖아. 장난치지 말고 연습해! 세 바퀴 더 돌아!"

대니옐린은 다른 친구들이 자기보다 잘하는 동작이 있으면 환하게 웃으며 박수를 쳐준다. 그리고 집에 와서도 가끔 얘기한다.

"엄마, OO는요, 스핀을 잘하고요, 저는 스파이럴을 잘해요."

"맞아. 진짜로 걔는 스핀을 잘하더라. 사람은 저마다 잘하는 부분이 달라. 근데 엄마 눈에는 대니옐린이 스파이럴 할

때가 제일 멋있게 보여. 엄마가 젤 좋아하는 동작이 스파이

럴인거 알지?"

아이들은 부모의 신실한 칭찬 속에서 자신의 장점을 발견

하고 확신을 가질 뿐 아니라 타인의 장점도 누릴 줄 아는 여

유 있는 사람으로 자란다.

추운 아이스링크에서 온몸으로 음악을 표현하다 보면 몸도
마음도 모두 건강해지는 피겨스케이트. 김연아 선수 못지않
게 멋진 스케이터가 되기 위한 비결을 지금부터 공개한다.

도움말 · 여운영(고양어울림누리아이스링크 강사) | 모델 · 지혜 |
사진 · 김덕창 외 · 일러스트 · 이경민 | 진행 · 조은비

십자가가 세워진 가정

성경을 읽다가 깜짝 놀랐다. 그동안 '자녀'라는 단어가 들어갔거나 훈육의 구절이 눈에 띄는 부분만 자녀양육에 대한 말씀이라고 생각했는데 성경 전체가 자녀양육과 밀접하게 연결되어있었다. 결국 자녀와의 관계도 성경에 기반을 둔 인격적인 만남이어야 건강하다는 사실을 발견하게 된 것이다.

태어나서 처음으로 '인격적인' 대우를 받았다는 생각을 한 것은 중학생 때였다. 그때까지 모든 사람들이 나를 무시하거나 비인격적으로 대했던 것은 아니지만 처음으로 '인격적'이라는 단어를 이해하고 체험했다. 중등부 임원을 맡고 있었을 때였다. 담당 전도사님이 내게 중등부가 주관하는 행사에 대한 의견을 물어보셨는데 그것이 바로 내가 경험한 첫 '인격적인' 만남이었다.

그때까지는 사람들이 가르쳐주기만 했지 나의 생각을 진지하게 물어본 적이 없었다. 학교에서는 선생님이, 집에서는 부모님이 모든 것을 지시하고 가르쳐 주시고 알아서 챙겨주시기는 했어도 나 개인의 취향이나 생각을 물어보며 결정에 참고하신 적은 거의 없었다. 그런데 전도사님은 매우 진지하게 내 의견을 물으셨고 행사에 반영해 주셨다.

그 후 대학생이 되고 하나님을 만났다. 교회에서 오랫동안 자랐지만 하나님을 개인적으로 만나게 된 것은 시간이 꽤나 흐른 뒤였다. 하나님을 개인적으로 만나기 전에 하나님에 대해 무척 혼란스러웠다. 어찌 보면 무시무시한 것도 같고, 때때로 안 계신 것 같기도 하고, 때로는 바보 같기도 했던 하나님. 교회활동에 열심을 내고 종교의 테두리 안에 머물렀지만 그때 처음으로 하나님 '아버지'를 발견했던 것이다. 하나님을 만나자마자 스쳤던 생각이 있다.

'하나님은 참 인격적이신 분이시구나.'

'인격적인' 관계란 상대 인격체에 대한 존엄성을 인정한다는 뜻으로, 쉽게 생각하면 '함부로 대하지 않는' 관계를 뜻한다. 간혹 '인격적인' 대접을 받지 못했다고 분노하는 사람들이 있는데, 그것은 무시당했다는 느낌 때문이다. 하나님은 창조주이시면서도 한낱 인간의 마음을 쥐락펴락하지 않으시는 분이다. 그분은 문 밖에 서서 마음의 문을 열 때까지 오래도록 기다려 주시는 분이시다(계 3:20). 예수님은 환자의 병을 고쳐주실 때도 반드시 그들의 마음을 먼저 확인하신다. 나을 마음이 있는지, 고쳐주어도 되는지 물어보시는 예수님, 그분은 그토록 철저하게 인격적이시다.

주께서 우리를 인격적으로 대하듯 우리도 자녀들에게 인격적으로 대해야 한다. 부모라고 해서 함부로 대할 수 있는 권리가 있는 것은 아니기 때문이다. 자녀들을 인격적으로 대하려면 질문을 많이 하는 것이 좋다. 질문을 자주 한다는 것은 자녀들에게 관심이 있다는 증거요, 질문을 많이 한다는 것은 부모가 일방적으로 결정하지 않고 자녀의 의견을 수렴하겠다는 의지의 표현이기 때문이다.

질문을 많이 해야 하는 또 하나의 이유가 있다면, 그것은 우리가 더 이상 아이가 아니기 때문이다. 우리는 이미 그들과 다른 입장이 되었다. 몸은 다 성장했고, 호르몬이 분비되는 다른 종이 되어버렸다. 천 년, 만 년 싱그럽기만 할 것 같던 우리도 어느덧 피터팬을 버리고 네버랜드를 떠나 어른이 되었다. 그리고 우리 윗세대가 그랬던 것처럼 똑같이 아이들에게 우리의 방식만을 우기는 고집불통이 되었다. 어른들은 아이들의 마음을 모른다. 모를 수밖에 없다. 그래서 질문하는 것이다. 그들을 이해하기 위해서.

물론, 아이들의 해맑음만으로는 이 험한 세상을 헤쳐 나갈

수 없다. 자녀들은 지혜와 지식을 겸비하고 연륜이 쌓인 부
모의 코칭이 절대적으로 필요한 존재다. 그럼에도 일방적인
압력은 곤란하다. 만물의 창조주이시면서도 유치한 피조물의
생각과 결정을 존중해 주시는 하나님의 '인격적인 관계' 방식.
그것이 우리가 배워야 할 부모의 도리 1순위이다. 그것이 주
님의 교양으로 자녀를 양육하려는 부모가 갖추어야 할 기본
자세이다. 그렇지 않으면 자녀와의 관계는 늘 애증의 대로를
달리다 후회하며 비참한 최후를 맞게 될 것이다. 수많은 역
사 속의 인물들이 그것을 증거하고 있다.

엄마 연습

요즘 자식을 고소하는 부모도 생겼다고 한다. 더 이상 퍼주기만하고 살을 떼어주는 것이 아니라 '너도 당해봐라'고 생각하는 부모가 생겨난 것이다. 재산을 넘겨주지 않는다고 부모를 살해한 사건이 신문에 실렸을 때 나는 좌절했다. 그들도 한 때는 사랑하는 사이였을 텐데 왜 그 지경이 되었을까? 남보다 못한 원수지간이 된 데에는 이유가 있을 것이다. 서로를 이해하지 못하고 미워하다 벽이 두꺼워지고 소통은 끊어지고 보니 넘지 말아야 할 강을 건너게 된 것이리라.

성경적인 자녀양육을 함께 고민하는 B.맘스쿨에 참여한 많은 엄마 가운데 십대 청소년을 둔 부모들의 고민은 남달리 골이 깊다. 고분고분 엄마의 말을 잘도 듣던 사랑스런 아이가 사춘기에 접어들더니 아주 남 같다며 속상해한다.

부모는 자식이 바뀌어야한다고 생각하고 자식은 부모가 이상하다고 한다. 이처럼 서로 손가락질만 한다면 어떻게 회복을 기대할 수 있겠는가. 하나님의 방법은 내 눈의 들보를 먼저 보는 것이다. 자식 눈에 들어있는 티끌을 빼내려고 고생하며 실랑이하기 전에 우선 부모 눈의 들보를 빼내라고 하신다. 그러면 시원하게 열린 눈으로 훨씬 잘 볼 수 있게 된다. 자식과 트러블이 생기거든 얼른 생각하자.

"어, 내가 뭘 잘못했지? 마음 상하게 한 게 있었나?"

세상 모든 문제의 원인이 '나'가 될 수는 없다. 하지만 세상에서 가장 가까이 어깨를 맞대고 살고 있는 남편이나 자녀의 마음이 상했다면 혹시 '나' 때문은 아닐까? 한 번쯤 겸손한 태도를 갖는 것은 주변 사람을 편안하게 할 것이다. 가깝기 때문에 너무 잘 알고 있다고 함부로 대하지나 않는지, 내가 키우는 대상이라고만 생각해서 억지를 부리지 않는지, 내 기준에만 맞추기를 기대하고 강요하지나 않는지. 한쪽에서 겸손한 태도로 꼬리를 내리면 상대편도 유순해지기 마련이다.

부모의 태도가 '인격적'으로 바뀌면 자녀들은 배우고 따라 한다. 부모의 결정을 신뢰하게 된다. 인격적으로 대하다 보면, 해님과 바람의 내기처럼 따뜻하고 쉬운 방법으로 내 자식의 마음을 얻게 될 것이다.

자식도 자식이거니와 남편도 예외는 아니다. 내가 아는 어떤 분은 결혼생활도 힘들고, 시댁문제로 늘 가시밭길을 걷는 것 같고, 자식도 무섭고 도대체가 행복을 찾으려야 찾을 수 없어 고통의 나날을 보내고 있었다. 그러던 어느 날, 목사님의 말씀을 통해 인간관계는 결국 자신의 문제라는 것을 깨닫게 되었다고 한다. 그때까지는 남편만 바뀌고 변화되면 두 사람 사이가 좋아지고 행복해질 수 있을 것이라고 믿었는데, 못된 사춘기 아들이 문제의 근원이며 시댁식구들은 악마처럼 보이기만 했었는데 말씀을 깨닫고 보니 모든 문제가 '나'로부터 출발한다며 회개하기 시작했다고 한다. 그랬더니 남편의 훌륭한 부분, 자식의 사랑스런 부분, 시댁 식구들의 괜찮은 모습이 조금씩 보이기 시작했노라고 고백했다.

이전에는 조금도 양보하지 않으려고 바락바락 대들었는데, 요즘은 말다툼이 시작되면 얼른 입을 닫고 속으로 기도를 시작한단다. 그러면 언성을 높이던 남편도 잠잠해지고 조금씩 대화를 통해 풀어가기 시작했다며 기뻐한다. 무시무시하던 사춘기 아들도 엄마가 맞받아치지 않으니까 요즘은 엄마의 변화를 감지하고 눈치를 보기 시작했단다. 시댁식구들도 무조건 나만 미워하고 무시한다고 생각했었는데 이렇게 저렇게 생각해보니 꼭 그렇지만은 아닌 것 같게 느껴져 이전보다 훨씬 살갑게 대하게 된다면서 그간의 변화를 나누었다.

이렇듯, 타인에게 손가락질 하던 것을 내 자신에게 돌리며 조금씩 내면을 개선하다보면 주변도 변하지 않을 수가 없다. 주님은 대접을 받고 싶은 대로 대접하라고 하셨다. 가족들이 나의 잘못을 덮어주고 나를 인격적으로 대해주길 바란다면 내가 먼저 실천해 보자. 자녀라고 함부로 대하지 말고 인격적으로 대하면 밖에 나가서도 인격적인 대접받을 짓을 하게 될 것이다.

1. 주님의 교양이 몸에 베인 품위를 지킬 것.

2. 잔소리 대신 훈계할 것.

3. 앞뒤 정황을 파악하기 전에는 절대 판단하지 말 것.

4. 어떠한 상황 가운데서도 자식을 먼저 믿어줄 것.

5. 이해하려는 겸손한 마음을 가질 것.

6. 실수와 죄를 구별하여 다룰 것.

7. 약속을 지킬 것.

8. 의견을 존중해 줄 것.

9. 비교대신 본받을만한 모델을 제시할 것.

10. 자식이 나와 전혀 다른 인격체임을 인정할 것.

11. 예상되는 변화를 미리 알려 주어서 마음의 준비를 하

　　도록 배려할 것.

12. 평소에 꾸준히 사랑을 표현할 것.

　　자녀를 노엽게 하지 않고 오직 주의 교양과 훈계로 양육하라

　　(엡 6:4).

엄마 연습

사랑을 담는 그릇

한 번은 스케이트장 휴게실에 앉아있는데 한 엄마가 양 손에 커피 두 잔을 든 채 문을 밀고 들어왔다. 양 손에 커피를 든 채 문을 열려니 힘들었던지 냅다 아들에게 소리를 지른다.

"야, 이 XX야, 넌 눈도 없어? 빨리 열어야 할 거 아니야?"

그곳에 앉아있던 모든 사람들의 시선이 집중되었지만 아랑곳하지 않은 채 아들을 면박주기 시작한다.

그인들 아들을 사랑하지 않을까? 주워온 아이라도 되는 것일까? 그분도 아들을 끔찍이 아끼고 애지중지 하는 사람이다. 화가 나서 퍼부었을 뿐이다.

요즘은 자녀들에게 인격적인 목소리로 부드럽게 말하는 부모가 많이 늘어나는 것 같아 반갑다. 아이들에게 차근차근 상황을 설명하고 이해시키는 젊은 엄마들의 모습을 보면 그저 아름다운 한 폭의 그림 같다. 그러나 아직도 많은 부모들이 자녀들의 이름을 부를 때 꼭 동네 강아지 부르듯 소리를

지르거나 하인이라도 부리듯 마구 대한다. 아무리 하인이라
도 요즘은 그런 식으로 말하면 당장 짐 싸서 나가버리는 세
상인데 말이다.

사랑은 담는 그릇도 사랑스러워야 사랑의 가치가 전달되는
법이다. 사랑이라는 선물을 구겨진 상자에 넣어 남이 쓰다버
린 포장지로 싸서 똥 묻은 리본으로 묶어서 전한다고 생각해
보라. 그런 선물은 받고 싶지도 않을 것이다.

많은 부모가 하는 시행착오는 사랑이라는 비싼 보석을 형
편없는 상자에 담아 주면서 받지 않는다고 아이들만 타박하
는 것이다. 쓰레기 속에 꽁꽁 감춰 놓아도 아이가 그것의 가
치를 단박에 알아차릴 것이라고 믿는 것일까?

나의 아픈 얘기를 하나 해야겠다. 난 철이 들 때까지 한 번
도 친정 엄마가 나를 사랑한다고 생각해 본 적이 없다. 이따
금씩 감동을 할 때도 있었지만 엄마가 나를 사랑해서 행복하
다고 느낀 적이 별로 없다.

엄마는 내가 돌이 되기 전에 이틀을 가출하신 적이 있다고
한다. 시부모님과 시삼촌을 모시고 시골에 갇혀 사는 것이
싫어서, 도시에서 시골로 시집온 새댁의 서러움을 조금도 이
해해주지 못하며 그저 효자노릇에만 만족했던 남편과 도저

히 함께 살 수 없다고 생각해 이틀을 나가셨다가 오로지 나 하나 때문에 다시 돌아와서 사셨다고 말씀하실 때마다 '내가 엄마의 인생을 망쳤구나, 내가 엄마의 발목을 잡았구나' 하는 자책감을 떨쳐 버릴 수가 없었다.

그 말의 뜻은 '사랑해서 버리지 못했다'는 것이라는 사실을 철이 들면서 조금씩 깨달았지만 오랫동안 반대로 생각해 왔던 것이다.

그것이 참 궁금했다. 엄마도 분명히 나를 사랑하실 것이다. 그런데 왜 딸의 마음에는 전달이 되지 않았을까? 여러 가지 요인이 있겠지만 내가 고찰한 바에 의하면 표현의 부재 때문이다. 엄마는 한 번도 나에게 사랑한다고 말씀하신 적이 없으시다. 내가

"엄마, 나 사랑해?"

라고 물어본 적이 있다.

"그러니까 데리고 살았지."

엄마의 말씀은 거짓이 아니었을 것이다. 그런데도 여전히 내 마음 깊은 곳에서는 엄마가 나를 사랑하지 않으실 지도 모른다는 생각이 숨어있다. 사랑하는 사람들 사이에서 사랑을 의심한다는 것은 불행한 일이다. 존재하고 있는 '사랑'을 표현의 부재로 인해 느낄 수 없다는 것은 슬픈 일이다.

얼마 전, 나도 똑같은 실수를 했다. 남편이 말리지 않았다면 큰딸의 마음에 큰 상처를 남길 뻔 했다. 여느 날처럼, 대니엘린은 피겨훈련을 마치고 9시가 넘어 귀가했다. 그제야 저녁식사를 할 수 있었음에도 산수문제집을 꺼내더니 몇 문제를 풀고 싶다고 한다. 대견하다는 생각을 하며 미루어 두었던 이메일을 확인하고 있었다. 대니엘린은 문제집을 가져오더니 잘 이해가 되지 않는다며 설명을 좀 해달라고 한다. 나는 대니엘린이 복잡한 서술형 문제를 이해하기 쉽게 한 문장 한 문장 끊어가며 대화를 이끌어갔다. 결국 대니엘린은 문제를 잘 풀어내었다. 문제의 답을 풀어내는 과정을 지켜보며 길을 안내하듯 지도하는 것은 참 재미있는 일이었다. 그렇지만 한 편으로 생각하니 대니엘린의 접근법은 너무 돌아가는 것 같아 내가 알고 있던 간단한 해법을 제안했다. 그런데 내 설명이 끝나기가 무섭게 문제집을 휙 빼앗다시피 치우더니 자리를 뜨는 것이 아닌가. 순식간에 평화가 깨졌다. 내 꼭지가 돈 것이다.

"대니엘린! 너 지금 뭐하는 거야? 누가 그 딴 식으로 자리 뜨래? 이리 와. 엄마가 목 아프게 설명해줬는데 감사는커녕 휙 토라져서 가? 기분이 상했으면 상했다고 말을 할 것이지, 그런 태도 어디서 배웠어?"

내가 한 말은 단 하나도 틀리지 않았다. 맞는 말이다. 잘 설명해 준 엄마께 감사해야 하는 게 맞는 것이고, 예의 없이 휑하니 자리를 뜨는 것은 옳지 않았다. 그렇지만 그날 밤에 남편의 말을 들으면서 마음이 많이 아팠다.

"대니엘린 눈 봤어? 겁에 질려서 울고 있는 것이 보였어?"

아무리 바른 말이라도 적절한 그릇에 담아주지 않으면 먹기 괴롭다. 좋은 말, 바른 말은 좋은 그릇, 바른 그릇에 담아주어야 받아먹기 좋은 법이다. 같은 사과라도 은쟁반에 담아낸다면 더욱 먹음직스럽게 보이는 이치와 같다.

> 경우에 합당한 말은 아로새긴 은쟁반에 금 사과니라 (잠 25:11).

한 선배가 세월이 오랜 후에 만난 모임에서 내게 농담을 건넨다.

"내가 너 좋아했던 거 알고 있었지?"

내가 전혀 몰랐다고 대답했지만 믿지 않는 눈치였다. 그런데 정말 몰랐다. 그 말을 듣고 보니 나한테 관심을 가졌던 것 같긴 하다. 그렇지만 그 선배의 행동은 나에게 '친절'로 다가왔지 '사랑'으로 다가오지 않았다. 그것은 언어의 표현이 없었기 때문이다. 그가 고백했더라면 분명히 알았을 것이다.

아이들에게 얼마만큼 표현하는가? 아이들에게 사랑한다고 말해주었는가? 남편에게, 아내에게 사랑한다고 말해 주었는가?

"그러니까 살지."

"그러니까 키우지."

이제는 그렇게 말하는 대신, "사랑해"라고 정확하게 마음을 표현하자.

"아유, 귀여워."

"예뻐."

"잘했어."

이런 말들은 엄마, 아빠가 아니어도 해 줄 사람이 많다. 그러나 사랑한다는 말을 해 줄 수 있는 사람은 그리 많지 않다.

사랑을 의심하다가도 사랑의 말을 들으면 의심이 가실 것이다. 사랑이 부족한 가슴이라도 그 말을 들으면 사랑이 채워질 것이다. 부모의 사랑을 확신하는 아이들은 자존감이 높다고 한다. 자신감이 충만한 아이는 자기표현도 건강하다. 사랑은 인간에게 가장 필요한 필수 자양분이다. 사랑을 먹지 못하면 병든다. 건강한 사랑을 먹지 못하면 불량사랑을 찾아 헤매게 된다. 사랑에 굶주리면 참 사랑과 거짓 사랑을 분별

하지 못하는 사람이 되고 만다. 특히 사랑(love)과 정욕(lust)이라는 단어를 혼동하여 남용하는 현대를 살아가는 우리 자녀들에게 참 사랑을 분별해 낼 수 있는 지혜를 길러줄 수 있다면 세상의 혼탁함으로부터 자신을 보호할 줄 아는 능력의 옷을 입혀주는 것이 된다.

또한 부모가 자녀들에게 사랑한다는 말을 습관처럼 건넬 수 있어야 아이들도 애정표현에 자연스러운 성인으로 자라게 될 것이다. 여태껏 사랑한다는 말을 제대로 건네지 못했다면 지금부터 시작해 보자. 아이들의 표정이, 남편의 표정이 달라질 것이다. 사랑을 고백하는 우리의 표정도 물론 변할 것이다.

사랑하는 사람들에게 사랑의 언어를, 사랑의 태도를 선물하는 것은 그들을 살리는 길이다. 그들은 우리의 적이 아니다. 아군이다!

사랑이라는 보약을 매일 먹여주자.

사랑하는 남편과 아이들의 이름도 부드럽게 사랑을 담아 불러보자.

오늘은 사랑을 사랑스러운 그릇에 담아 한 사발씩 가족에게 안겨보자!

지금 바쁘니?

18개월짜리 딸을 둔 후배의 전화를 받았다. 오랜만에 아기 기저귀 가는 일에서 해방이 되었는지 전화를 다했다. 안부를 자주 묻지 못해 미안하다면서 한 번 찾아오겠단다.

"아이는 잘 크지?"

"어휴, 말도 마세요. 말을 지독하게 안 들어요. 어떻게 18개월짜리가 이렇게 말을 안 들어요?"

나는 옛날 생각이 나서 그저 웃기만 했다. 18개월짜리가 말을 안 듣는다? 엄마의 기대치가 너무 큰 것은 아닐까? 18개월짜리가 소화하기에 너무 무리한 것을 요구한 것은 아닐까?

먼저 고백부터 하자. 나도 한 때는 아이들이 엄마 말을 안 듣는 것은 나쁘다고 생각했었다. 그러나 아이들에 대해 배워 가면서, 아이들에 대한 이해가 생기면서 '말을 듣지 않는 것'에 대해 근본적으로 다시 보기 시작했다.

'말 듣지 않는 아이'라고 낙인을 찍는 것은 부모의 입장에

서 본 지극히 편협적인 시각에서 나온다는 사실을 알게 되었다. 아이들이라고 해서 부모의 말을 일방적으로 다 들어야만 좋은 아이일까? 그런 아이라면 오히려 뭔가 문제가 있는 것이 아닐까? 그러기를 바라셨다면 애초에 하나님은 로봇과 같은 인간을 만드셨을 것이다. 그러나 하나님은 인간에게 자유의지를 주셨다(감사해야 할 일이다! 그러나 다루기가 쉽지는 않다). 신도 자유의지를 주신 만물의 영장에게 어른의 말은 무조건 들

엄마 연습

어야 한다고 가르치면 "착한아이증후군"이 생길 수도 있다.

엄마들과 아이들의 대화를 들어보면 부모라는 존재가 아이들에게 얼마나 일방적인가 하는 것을 알 수 있다. 하루 종일 아이와 대화하는 자신을 돌아보면 쉽게 알게 될 것이다. 이것 해라, 저것 해라 무조건 명령이다. 그리고 아이가 부모의 말을 따르는 법을 미처 배우지 못한 경우에도 일방적으로 명령에 순복하기를 바란다.

아직 부모의 지시에 따르는 법을 익히지 못했다면 '하도록' 도와주어야 한다. 예를 들어, 방에 있는 아이를 거실에서 부른다.

"호피야, 엄마한테 좀 와 봐."

아이가 움직이질 않는다면 아직 엄마가 부를 때 곧바로 반응하는 법을 모른다는 뜻일 수 있다. 그것을 아이가 엄마 말을 안 듣는다고 생각하는 것은 큰 실례다. 아이에게 설명해 준 적이 있는가?

"엄마가 이름을 부를 땐 하던 일을 멈추고 엄마에게 '네!'라고 대답하며 달려오는 거야."

그리고 그것이 생활 습관이 되도록 훈련하는 단계를 거쳤는가? 한 번 설명했다고 알아듣고 곧 바로 시행하는 사람은 거의 없다. 여기서 '사람'이라는 표현을 쓴 것은 어른이나 애나 똑같기 때문이다.

자, 이제 아이에게 설명했다면 실전으로 들어가 보자. 다시 한 번 이름을 부른다. 아이가 잊었거나 딴 짓에 몰두하느라 엄마에게 반응할 겨를이 없을 것이다. 그러면 화를 무섭게 내야 한다(농담이다). 목소리를 바꾸거나 톤을 바꾸지 말고 평소처럼 부드러운 목소리로 가르쳐야 한다는 사실을 명심하라. 훈련의 본질은 아이를 지도하는 것에 있지 자존감을 상하도록 할 필요는 없다. 이번에는 아이가 있는 곳으로 가서 눈을 맞추면서 엄마가 요구하는 것을 알려야 한다.

"호피야, 엄마가 이름 부르면 어떻게 하라고 했지?"

처음에는 분명, 멀뚱멀뚱하고 있을 것이다. 그래도 화를 내서는 안 된다. 아이가 대답을 하지 못하는 것은 아직 뇌에 입력이 되지 않았기 때문이다. 몇 번 더 연습하고 나면 엄마가 원하는 반응을 보일 것이다. 인내하고 참자. 아이가 2초 정도 기다려도 대답을 하지 않는다면 엄마가 대신 대답을 해 주어야 한다. 확인하는 과정이다.

"엄마가 이름을 부르면 '네'하고 대답 하면서 엄마에게 오라고 했지? 엄마가 이름을 불렀는데 안 왔네. 우리, 연습해 볼까? 엄마가 거실에서 이름을 부르면 '네'하고 오는 거야. 알았지?"

엄마 연습 ◀┃▶

아이들은 엄마와 함께 하는 것이라면 무엇이든 좋아한다. 게임처럼 생각하고 아주 재미있어할 것이다. 이런 식으로 실전 연습을 지속적으로 시키면 부모의 지시에 즉각 반응을 보이기 시작한다.

부모의 간단한 지시에 즉각적인 반응을 보이기 시작하면 조금 더 수준을 높여 실생활의 문제들을 풀어나가는 재미를 붙여주자. 집 안에서 충분히 해결할 수 있는 소소한 심부름을 통해 상황 파악하는 법, 다른 사람들의 지시를 귀담아 듣는 법, 문제를 해결하는 지혜 등을 길러나갈 수 있다. 그런데 나는 심부름을 시킬 때도 일방적으로 명령하지 않고 아이에게 먼저 묻는다. 그렇게 하는 이유는 인격을 존중해 주려는 것이고, 또 한 가지는 우리 가정의 경우 가사분담이 어느 정도 정착이 되었기에 너무 과중하게 억지로 한다는 생각을 주지 않기 위해서이다. 엄마, 아빠가 시킬 때 100% 얼른 하면 좋겠지만, 아이들도 할 일이 있고 맡은 책임이 있기에 심부름을 아무 때나 함부로 시키면 오히려 부모님을 기쁘게 도와드려야 할 것이 아이들에게 짐이 되고 만다. 그러면 짜증이 나기 마련이다. 불필요한 신경전을 줄이기 위해서라면 평소에 가사를 분담하는 것이 좋다. 주어진 일을 서로 책임지면 갑자기 명령하지 않아도 되고 얼굴 붉힐 일도 별로 없다. 나는 입시생들도 가사분담에서 제외시키지 말라고 부모님들께 누누이 말한다. 고등학생들을 상담하거나 아이들의 사생활을 잘 아는 분들은 모두 동감할 것이다. 아이들에게 공부만 하라고 시간을 준다고 해서 공부만 하느냐, 천만의 말씀이다. 할 짓 다 한다. 가사분담을 통해 책임감도 익히고 머리도 식힐 수 있으니 반드시 할 일을 나눠주도록 하자.

심부름의 또 다른 면을 보자. 부모님들이 심부름을 시킬 때 다급해서 시키는 경우도 있지만 어른이라는 특권을 남용하는 경우도 있다. 예를 들어, 식탁에 둘러앉아 밥을 먹을 때도 나이가 어리다는 이유로 '이것 가져와라 저것 가져와라' 한다면 불공평한 일이다. 어른이 귀찮은 것은 아이도 귀찮다. 아이가 숙제 중인지, 집중하며 놀고 있는지 아이의 상황과 기분을 살펴본 후 적절하게 심부름을 시키자. 어른이라도 자신이 해야 할 일은 몸소 실천해 보일 때, 책임감 있어 보이고 존경심이 가는 법이다. 책임감 있는 부모의 심부름은 거절하기 어려울 뿐 아니라 그리 노여워하지도 않을 것이다.

우리 세 딸은 머리카락이 길다. 둘째 딸은 엉덩이까지 내려온다. 라푼젤처럼 길러보고 싶다고 해서 자르지 않고 있는 중이다. 사람들은 묻는다.

"아이 셋 머리 감겨주는 것만도 일이겠어요. 힘들지 않으

세요?"

　머리감는 것에 관해서라면 하나도 힘들지 않다. 샤워를 스스로 하기 때문이다. 호피는 아주 빨리 시작했다. 언니들에게 지친 엄마, 아빠가 빨리 독립시켰기 때문이다. 말이 독립이지 네다섯 살 때 무슨 수로 샤워를 혼자 하겠는가? 샴푸가 머리카락에 잔뜩 남았는데도 "샤워 끝!" 하고 나오면 그걸 해결해주는 것은 큰딸 대니엘린 몫이다. 지금은 자라서 그러지

는 않지만, 몇 해 전 대니엘린이 욕실 앞에서 옷을 훌라당 벗은 채 쪼그리고 앉아서 울고 있던 적이 있다.

"대니엘린, 왜 그래? 무슨 일이야?"

"엄마, 나 힘들어요. 채러티랑 호피 샤워시키는 거 힘들어요. 엄마가 씻겨주면 안 돼요?"

하면서 눈물을 뚝뚝 흘리고 있었다. 초등학교 1학년이면 아직도 엄마 아빠가 샤워시켜주는 나이인데 대니엘린은 동생들을 책임지고 있었으니 얼마나 힘들었을까? (평소에는 무척 즐거운 마음으로 동생들을 씻겨준다. 그날은 아주 많이 피곤했던 모양이다.) 그래서 얼른 안아줬다.

"힘들었구나. 그럼, 엄마가 도와줄게. 채러티랑 호피도 엄마 딸이니까 당연히 엄마가 씻겨줘야지. 대니엘린 임무가 너무 막중했구나. 얼른 씻고 나와. 동생들 걱정은 하지 말고."

대니엘린은 눈물을 거둬내고 샤워를 하고 나왔다. 그리고 쇼파에 앉아 책을 읽었다. 워낙 잘하는 아이들이라서 조금이라도 힘들다고 하거나 못하겠다고 하면 얼른 받아준다. 요즘은 다시 왕언니 대니엘린이 목욕시간을 선두에서 지휘하고 있다.

Chapter 3
명품엄마 연습

MILK
Brown sugar
black beans

여호와의 기업

미국에 사는 동안 만난 친구가 있다. 그 친구는 예쁜 딸을 하나 두었다. 얼마나 예쁘고 똑똑한지 모른다. 돌이 막 지난 뒤였는데 나에게 책을 가져오더니 자기가 읽어주겠단다. 글씨를 하나도 모르면서 그림만으로 이야기를 지어내는 그 재치에 놀랐던 기억이 있다. 자주 왕래하며 친하게 지냈는데 내가 셋을 낳아 기르는 동안 친구는 하나 낳고 더 이상 낳고 싶지 않다고 했다. 이유를 물어보니 더 낳으면 자신이 하고 싶어 하는 일을 할 수가 없기 때문이라고 했다.

친구와의 대화는 내 마음에 오래 남았다. 한국에 와서 B.맘스쿨을 시작할 때 특별히 하나님께서 다산의 복에 대해 나누기를 원한다는 생각이 들었는데 그때마다 그 친구가 떠올랐다. 어떻게 생각할지 모르지만 한동안 친구가 아이를 더 낳게 해 달라고 기도하기도 했다. 다자녀의 복이 얼마나 큰지 알기에 그 친구도 내가 누리고 있는 복을 누렸으면 하는

순수한 마음에서 친구를 위해 몰래 기도했던 것이다. 친구와 소식이 끊어져 그 결과는 알 수 없지만 진심으로 친구가 자녀를 더 낳아 더 큰 복을 경험하길 원한다.

나의 "시크릿 미션(다산장려)"이 열매를 맺은 경우도 있다. 외동딸을 초등학교 3학년까지 키우신 뒤 다산의 복에 대해 도전을 받아 둘째를 가지신 분도 있다. 마흔이 되어 아이를 낳느라 육체적으로는 힘들었지만 둘째 아이를 통해 경험하는 새롭고 놀라운 축복은 세상 어느 것과도 비교할 수 없노라 고백하시곤 한다.

하나님은 우리가 자녀를 많이 낳고 번성하기를 원하시는 분이시다. 특별한 뜻이 있으실 때 태의 문을 닫기도 하시지만 그렇지 않고서는 기본적으로 자녀를 많이 주시는 것이 인류를 축복하시는 하나님의 표현 가운데 하나다.

현대를 살아가는 우리는 여러 가지 이유로 하나님께서 주시고자 하는 축복의 통로를 막고 있다. 우리나라는 1960년대와 1970년대에 경제성장에 주력하면서 산아제한정책을 폈다.

"딸 아들 구별 말고 둘만 낳아 잘 기르자."

"잘 키운 딸 하나 열 아들 안 부럽다."

이러한 슬로건을 내걸며 정부는 가족계획을 장려했다. 지금 와서 국민의 숫자가 많은 것이 또 하나의 국력이라는 것을 깨달은 정부가 부지런히 출산장려정책을 펴며 다자녀가구를 지원하기에 이르렀지만 한 번 돌아선 국민들의 마음을 돌리기란 역부족인가. 아직도 '돈'이 많이 든다는 이유로 하나만 낳겠다고 하는 부부들을 자주 만난다.

"태의 열매(자녀)"는 상급이라 하신다. 그렇다면 12명의 자녀를 둔 어떤 분이 너무 부러워질 것만 같다. 12가지의 다른 상을 받게 될 테니까. 하나님께서 주시는 상이라면 분명 노벨이 주는 상보다 영예로운 일이로다.

> 보라 자식들은 여호와의 기업이요
> 태의 열매는 그의 상급이로다
> 젊은 자의 자식은 장사의 수중의 화살 같으니 이것이 그의
> 화살 통에 가득한 자는 복되도다
> 그들이 성문에서 원수와 담판할 때에 수치를 당하지 아니 하
> 리로다(시 127:3-5).

행복의 요소

행복한 가정을 만들려면 행복함의 요소가 갖추어져야 한다. 삶을 행복하게 만드는 요소 1순위는 무엇일까? 나는 "하나님"이라고 말한다. 하나님 없이는 행복할 수 없다. 하나님이 가득해야 행복할 수 있다. 인간의 본질은 하나님으로부터 시작되기 때문이다.

지금까지 살면서 계속 교회를 다녔고, 교회에서 생활한 내가 최근에 내린 결론은 교회에 다닌다고 다 하나님으로 충만하다고 말할 수 없다는 것이다. 집에 성경책이 많아도 하나님은 없을 수 있다. 기도를 하지만 하나님과 상관없이 종알거릴 수 있다는 사실도 알게 되었다.

바로 나 자신이 그랬다. 평생 교회 다니며 교회활동에 열심이었지만 하나님과 상관없이 살았다. 그 사실을 깨닫게 되었을 때 큰 충격을 받았다. 늘 하나님과 가까이 있지만 그분의 눈을 한 번도 들여다보지 않고, 그분의 손을 잡아 보지도 못하며 살아가는 사람들이, 내가 그랬던 것처럼 의외로 많다는 사실을 알게 되었다.

신앙생활은 그럴싸한 말로 포장할 수 있어 보이지만 삶으로 이어지지 않는다면 죽은 것이나 다름없다. 신앙의 표현은 생활 속에서 나타나야 한다. 죽을 때까지 완벽할 수 없는 육신을 입고 사는 사람들이지만 '완벽하신' 하나님과 함께 한다면 어느 정도의 완성이 가능하다. 주님도 결코 우리에게 '완벽'을 요구하지 않으신다. 그저 완벽하신 주님과 동행하는 것, 그것을 원하신다.

나는 나 자신 뿐 아니라 우리 가족 모두가 하나님과 동행하는 가족이 되기를 원한다. 그러다 보니 우리 부부는 신앙의 모든 것을 자녀들과 나누고 있다. 자녀들의 삶 속에서 하나님을 경외하며 하나님을 섬기는 백성으로서의 모습이 드러나고 말씀을 읽고 실천하는 모습을 보기를 원하고 또 그런 모습을 볼 때 부모로서 기쁘기 그지없다. 신앙을 가장 큰 유산으로 믿고 아이들에게 고스란히 전수하기를 원하는 소원이 우리 가운데 있지만 동시에 매우 조심하는 것이 있다. 그것은 종교형태를 강요하지 않으려는 몸부림이다. 우리는 아이들이 하나님과 좋은 관계를 맺고 하나님과 가까이 지내기를 원하지만 껍데기를 흉내내느라 본질을 잃어버리지 않도록 보호할 책임이 있다고 믿는다.

어느 날, 가족이 함께 둘러 앉아 기도한 뒤 막내가 묻는다.

"삼촌, 왜 기도할 때 눈 안 감았어?"

"너는 왜 안 감았는데?"

"삼촌 눈 감나 안 감나 보려고. 삼촌이 눈 안 감을 것 같았어."

내가 끼어들며 물었다.

"기도할 때는 눈을 꼭 감아야 해? 하나님은 눈 감고 기도하는 것만 들어주실까? 눈 뜨고 하는 기도도 들어주실까?"

막내 호피는 잠시 생각하더니,

"두 개다 들어주실 것 같아요."

"엄마 생각도 호피 생각과 같아. 하나님은 눈을 뜨거나 감는 것과 상관없이 기도는 들어주실 거야. 근데 왜 교회에서는 눈을 감으라고 가르쳐 주셨을까?"

"음... 글쎄요?"

"엄마 생각엔, 눈을 감으면 집중이 잘되니까 하나님만 생각하는 데 도움이 되어서 그런 것 같애. 호피 생각은 어때?"

주님도 눈을 뜨고 기도하곤 하셨다. 성경을 읽다보면 주님께서 하늘을 우러러 보시며 기도하신 장면들이 아주 많이 나온다(막 7:34; 눅 9:16; 요 11:41). 아이들에게는 종교적인 형식보다 본질을 보게 하는 훈련이 더 중요하다고 믿는다.

교회에서 다소곳이 예배드릴 때의 모습만으로 우리를 판단하지 않으시고 삶 속에서 어떻게 생각하고 행동하는지를 보시는 주님의 성품을 안다면 눈에 보이는 것에 치중하느라 마음을 빼앗기는 일은 현저히 줄어들 것이다.

우리 가정에는 주님이 살아 계신가? 하나님이 가장 중요한 분이신가? 집안에 어려운 일이 생기면 누구를 찾는가? 즐거운 일이 생겼을 때 가장 먼저 떠오르는 분이 누구인가? 삶의 모든 문제를 주님과 상의하고 있는가? 아이들에게 죽은 하나님을 가르치고 있는가, 살아 계신 하나님을 가르치고 있는가? 이러한 질문들을 자주 해보며 삶 속에 살아 있는 신앙을 전수할 수 있다면 좋겠다.

어른도 마찬가지지만 아이들도 자주 사용하는 물건을 어디 두었는지 몰라 한참을 찾을 때가 있다. 금방 찾으면 다행이지만 꼭 필요한 것이 한나절 이상 모습을 드러내지 않으면 울상이 될 수밖에 없다. 그런 일로도 기도할 수 있을까?

오늘 아침에도 한바탕 난리가 났었다. 막내 호피의 파닉스 책이 보이지 않았기 때문이다. 파닉스 책을 꽂아두는 칸에 없는 걸 보니 어디 잘못 꽂아 두었나보다. 막내 호피랑 나는 파닉스 책을 찾기 시작했다.

"파닉스 어딨니?"

"어디 숨었는지 모르지만 빨리 나와라!"

한참을 여기저기 뒤져도 나오지 않자 호피는 기도하기 시
작한다. 우리는 물건을 찾을 때도 기도하도록 가르치고 있
다. 하나님은 사소한 것까지도 다 알고 계시는 분이라는 것
을 살면서 체득하기를 원하는 마음에 시작했다. 정말 놀랍게
도 기도하면 사소한 것까지도 알게 해주신다. 가끔 응답이
더디 오거나 아예 침묵하시는 것 같은 공항상태가 되기도 하

지만 아이들의 기도는 좀 더 빠르게 응답해 주시는 것 같다. 하나님은 돌아가신 분이 아니라 지금도 살아 계신 분이시기에 정말로 우리가 질문하면 답하시고 말이 통하는 분이라는 것을 아이들이 깨달으며 살기를 바라는 마음이다.

신앙은 삶이다. 영적인 것과 육적인 것이 분리되어 있는 것이 아니고 함께 자연스럽게 어우러져 있는 것이다. 영적인 것을 지나치게 신령한 것으로만 생각하거나 현실세계와 연결시키지 못하면 이중적인 잣대를 들이대는 사람이 되기 쉽다. 현실과 연결되지 않은 신앙이란 뜬구름을 잡는 것과 같다. 영적인 것과 현실의 연결점을 찾아주는 것은 정말 중요하다. 그래야 하나님을 교회에만 가두는 실수를 피할 수 있다. 현실에 뿌리내리지 않은 신앙은 신앙이 아니라 미신이라는 말도 있지 않은가. 유진 피터슨의 『다윗, 현실에 뿌리박은 영성(IVP)』과 방선기 목사의 저서 『그리스도인의 일상다반사(포이에마)』는 이러한 맥락에서 읽어볼만한 도서들이다. 방선기 목사는 이랜드그룹의 초창기 멤버로 사회의 일원으로서 크리스천들의 몫이 무엇인지 오랫동안 고민하며 현장에서 발로 뛰신 분이다.

기도를 마치자마자 호피가 노란색 파닉스 책을 치켜들면서 씨익 웃는다.

"엄마, 찾았어요!"

"야!! 하나님께서 기도를 금방 들어주셨네."

때때로 기도하면서 열심히 찾아도 한동안 나오지 않을 때가 있다. 그럴 때면 우리 딸들은 나에게 사정한다.

"엄마, 엄마가 기도해 주세요. 하나님은 엄마 기도를 잘 들어주시잖아요."

얼마 전 지인의 가정을 방문한 적이 있다. 그가 사는 곳은 새롭게 조성되는 신도시였기에 아파트 입구를 찾지 못해 동네를 한 바퀴 돌게 되었다. 신호대기로 기다리고 있는데 아파트 벽면에 커다랗게 붙어있는 현수막이 눈에 들어왔다.

"초등학교 앞에 종교부지가 웬 말이냐!!!"

'사람이 사는 데 종교 없이 살 수 있나?'라는 단순한 생각이 먼저 들었고 하나님을 밀어내려는 현상이 벌써 한국에 물들었다고 생각하니 안타까운 마음이 들었다. 가난하고 비참했던 나라를 부강하게 바꿔주시고 축복하신 이유가 있는데, 하나님의 이름을 그토록 애절하게 불렀기에 이렇게 번영하게 된 것인데 배가 부르더니 하나님을 귀찮아한다.

빌리 그래함의 딸 루스 그래함이 한 TV 쇼에 게스트로 출

연했던 적이 있다. 아나운서는 루스 그래함에게 물었다.

"하나님이 살아 계시다면 어떻게 이런 천재지변을 허락하실 수 있는 거죠?"

그때는 막 허리케인 카트리나가 미국 남동부를 강타해서 많은 인명피해가 난 직후였다. 그 질문을 받은 루스 그래함은 이렇게 대답한다. 세월이 많이 지나서 정확하게 기억하고 있는 것인지는 모르겠지만 이런 식의 대답이었다.

"저는 하나님도 고통스러워하고 계신다고 믿습니다. 우리의 마음이 아픈 것만큼이나 하나님의 마음도 미어지실 겁니다. 그러나 생각해 보십시오. 우리는 수년 동안 하나님께 우리를 떠나 달라고 외쳤습니다. 학교에서, 정치계에서 그리고 우리 삶에서 나가달라고 하지 않았습니까? 하나님은 매우 인격적인 분이십니다. 그래서 하나님은 우리가 싫다는 데 억지로 우리 곁에 계실 수가 없었습니다. 하나님은 조용히 우리 곁에서 떠나셨습니다. 우리끼리 살도록 내버려두라고 아우성쳤던 우리가 하나님의 보호하심을 바라다니요. 그분의 축복을 바라다니요."

남의 얘기가 아니다. 이제 우리나라에서도 하나님께 떠나라고 외치는 자들의 목소리가 들리기 시작했다. 섬뜩한 얘기다. 우리 자녀들의 세대는 하나님을 믿기가 더 어려운 세대가 될지도 모른다. 아이들이 신앙을 지키고 하나님을 섬기며 하나님과 친밀하고 하나님의 보호 속에서 축복받을 수 있도록 기도하며 돕는 것이 크리스천 부모가 줄 수 있는 최고의 유산일 것이다.

MILK
Brown suga
donuts

독수리 새끼 키우기

앞서 말한 것과 같이 우리는 집안일을 함께 하기 때문에 분배가 잘되어 있는 편이다. 엄마와 아빠는 물론이고 아이들까지도 식사 준비, 설거지, 장보기, 쓰레기 처리, 집안 청소 및 빨래에 이르기까지 거의 대부분의 가사를 나누어서 한다. 아프거나 특별한 사정이 있어 책임질 수 없는 경우에는 엄마, 아빠가 대신해주기도 하지만 요령이란 있을 수 없다. 우리 집에 오시는 손님들은 종종 놀라신다. 아이들이 어른 못지 않게 집안일에 능숙한 것을 보거나 차를 내오는 것을 보면서 감탄한다. 그러면서 마치 아이들이 태어나면서부터 그렇게 했을 것이라는 듯이 말씀하시는 분들도 계신다. 그렇지는 않다. 아이들을 꾸준히 지도하는 것뿐이다.

오늘 아침에도 남편은 대니엘린과 채러티의 홈스쿨링을 지도하는 동안 잠시 틈을 내어 세탁기에 빨래감을 넣었다.

아이들 공부가 끝날 즈음 빨래도 끝난다. 빨래를 너는 것은 아빠와 세 딸의 몫이다. 남편은 아이들을 불러 돕도록 했다. 그랬더니 막내 호피가 궁시렁거린다.

"아빠, 빨래 너는 건 너무 지겨워요. 빨래가 너무 많잖아요. 저는 제 꺼만 널 거예요. 다른 사람들 건 안 널래요."

아빠는 투덜거리는 막내에게 답한다.

"그래? 아빠도 그렇게 할까보다. 아빠가 봐도 빨래가 너무 많은데? 아빠도 힘드니까 아빠 것만 널어야겠는걸! 참, 그리고 엄마도 너무 힘드니까 엄마 밥만 해 드시라고 해야겠는데? 각자 자기 밥 해먹고 자기 빨래할까? 그럼 엄마 아빠는 일이 많이 줄어서 신나겠는걸.”

호피는 잠깐 생각해 보더니 암말 없이 일을 마친다.

이런 대화는 한두 번 오고가는 게 아니다. 어른도 집안 일이 노동처럼 여겨져 하기 힘들 때가 많은데 아직 어린 아이들이 얼마나 힘들겠는가. 그럼에도 집안 일을 훈련하는 데는 몇 가지 이유가 있다. 그 가운데 하나는, 협동심을 길러주기 위해서이다. 가족은 팀이기 때문에 모든 일을 함께 한다고 가르친다. 물론 부모이기 때문에 기쁜 마음으로 자식을 섬기고 가정을 섬기는 것이지만 그렇다고 마냥 즐거워서 하는 것은 아니다. 어린 자녀들이라도 조금씩 책임을 나누면 부모의 어깨가 훨씬 가벼워진다. 동시에 자녀들에게 책임감을 길러줄 수도 있다. 경제적인 것도 마찬가지다. 아이들이 경제적인 짐을 덜어줄 것이라는 기대를 하기는 어려운 나이지만 가정의 경제흐름을 공유하면서 경제개념을 가르칠 수 있고 하나님께서 어떻게 우리 가정을 이끄시고 축복하시는 것도 함께 나눌 수 있다.

또 한 가지는, 스스로의 삶을 규모 있게 꾸려가는 법을 배우지 못하면 허황되고 비정상적인 성인이 된다는 나의 지론 때문이다. 누가복음 16장 10절에서도 작은 일에 충성하는 자가 큰일에도 충성한다고 기록되어 있다. 하나님은 큰일을 떡하니 먼저 주지 않으신다. 작은 일을 맡겨보시고 그것에 충성하는 자에게 위대한 일을 허락하신다. 그것이 하나님의 인재채용 비결이시다. 자신에게 주어진 작은 삶, 하찮게 보이는 사소한 일은 사실 귀하고 아름다운 길로 나아가는 비밀통로인 셈이다.

오래 전에 감명 깊게 읽었던 『하나님의 임재연습』에서 로렌스 수사는 모든 일상이 하나님께 드려지는 예배여야하고, 우리의 마음먹기에 따라 실제로 예배로 드려질 수 있다고 고백했다. 그리고 자신의 삶의 한 구절, 한 구절이 하나님 앞에 드려지는 예배가 되도록 말씀을 실천하여 많은 구도자에게 영감을 주었다.

이렇듯 영적인 비밀이 일상의 갈피에 숨어 있다는 사실을 발견할 때마다 '일상'생활을 아름답게 유지하는 것이 얼마나 중요한지 새삼 깨닫는다. 현실을 부정하는 것은 하나님의 뜻이 아니다. 현실을 부정하는 것이 하나님의 뜻이라면 우리도 모두 산 속에 숨어 세상을 등진 채 천국이 도래하기만을 기다리면 될 것이다. 그러나 하나님의 마음은 '세상' 곧 우리 삶의 자리에 있다. 독생자 예수를 십자가에 못 박으신 그 사랑을 표현하실 때도 '세상'을 사랑하셨기에(요 3:16) 그리하셨다고 말씀하신다. 하나님께서 마음을 쏟아 창조하셨고 구원하기를 원하시는 세상, 그 현실 속으로 들어가 어울려 살며 그들에게 복음을 전하고 진리를 실천하는 삶을 살도록 부르신 것이다.

오래 전에 하반신 불구가 된 미국 아이의 일상을 취재한 프로그램을 본 적이 있다. 하체를 쓰지 못하는 아이가 새벽 미명에 온 세상이 깨어나기도 전에 피곤한 눈을 부비며 일어나 신문을 돌리는 장면을 보고 한참을 울었던 기억이 있다. 엄마는 인터뷰 중에, 어차피 세상은 험하기 때문에 평범한 사람들이 하는 모든 것을 스스로 할 수 있도록 훈련하는 중이라고 했다. 다리가 온전치 못하다고 그 아이의 인생을 누가 대신 살아줄 수 있는 것도 아니고 어차피 이 세상에서 살아가려면 강인한 정신력을 가져야 하지 않겠냐고 한다.

새벽잠을 줄여가며 신문을 돌리는 그 아이에게서도 감동을 받았지만 정작 내 마음에 지워지지 않고 있는 것은 그 어머니의 표정이다. 조금도 안쓰러워하는 표정이 없었다. 오히려 전쟁터에 파병 보내는 어머니의 모습처럼 비장했다. 어머니의 마음은 얼마나 쓰리고 아플까마는 장애가 있기 때문에 더욱 강하게 커야 살아남을 수 있다고 믿는 것 같았다. 그 남

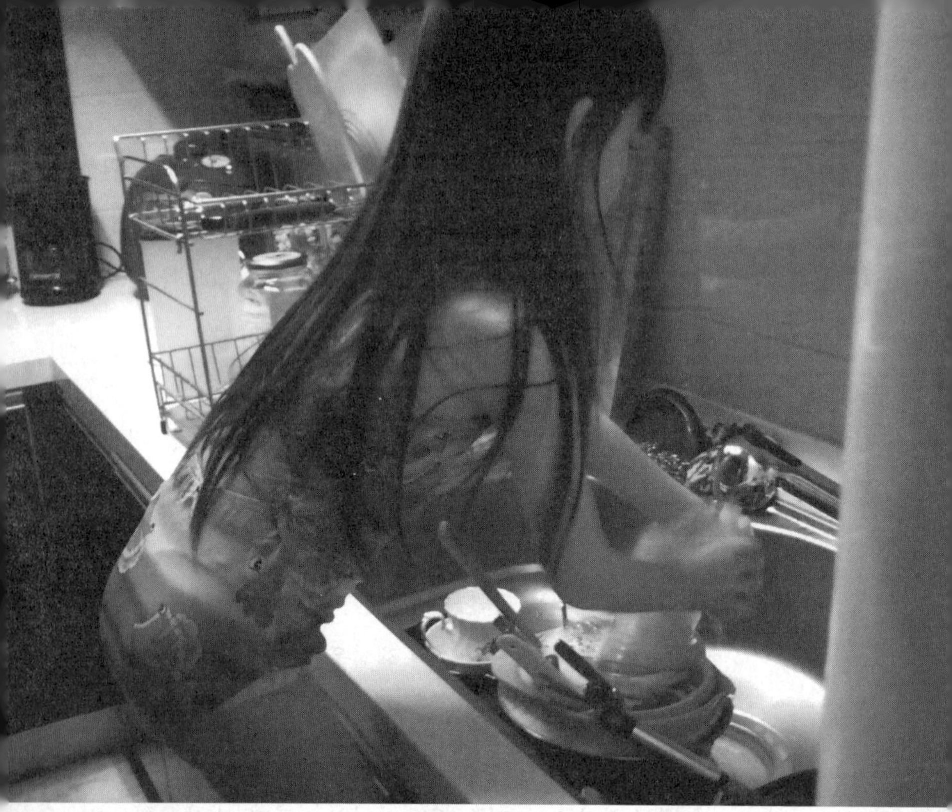

모를 깊은 고통을 동반한 사랑이 장애가 있는 자식을 동 트기 전에 집 밖으로 몰아낼 용기를 갖게 한 것이다. 나는 그 아이가 커서 어떤 사람이 될까 기대하고 있다. 기회가 되면 꼭 한 번 찾아보고 싶다.

나도 모성애가 넘쳐흐르는 마음이 약한 엄마다. 왜 가끔 설거지를 대신해주고 싶지 않겠는가? 특히 우리 큰딸은 피겨 스케이트 선수반에서 훈련을 받는 동안 말 그대로 혹독한 지상훈련을 받았다. 가끔 힘들어하는 딸아이의 어깨를 보고 있으면 "그래, 오늘은 너무 피곤하니까 엄마가 설거지 대신해줄게!"라고 시원하게 말하고 싶다. 그러나 그럴 때마다 하반신이 온전하지 못한 몸을 끌고 신문을 잔뜩 짊어지고 이집, 저집 다니던 그 소년을 생각하며 이를 악문다. 세상은 호락호락한 곳이 아니다. 나약하게 키웠다간 밟혀죽기 십상이다. 몸은 약해도 정신은 강해야 한다.

남편의 고향 마우이에는 아직도 고향을 지키는 죽마고우 브라이언이 산다. 마우이는 하와이 군도의 한 섬으로 백인들이 가장 많이 거주하는 아름다운 섬이다. 결혼 후 시댁에 몇 개월 머물면서 남편의 교회도 방문하고 남편의 친구들도 만났다. 그 가운데 유난히 잊을 수 없는 브라이언은 남편의 교회 친구로, 청년시기를 함께 보냈다고 한다. 파도타기를 즐기는 섬 청년들로 자라면서 매일 바닷가에서 살다시피 했던 두 사람은 제자훈련도 같이 받았다며 각별했다. 그는 방 한 칸에 작은 거실이 딸린 집을 얻어 혼자 살고 있었다.

그런데 브라이언은 몇 해 전 오토바이 사고로 하반신을 잃었다. 그에게는 모델 출신의 아리따운 여자 친구도 있었지만 사고 후에는 둘 사이에서 결혼이야기도 끊어진 것 같다는 소식을 듣고 마음이 아팠는데 직접 사는 모습을 보니 대견하기만 했다. 온라인 상에서 자신이 좋아하는 음악 CD를 판매하는 것이 주 수입원이며, 장애인에게 지급되는 정부보조금이 도움이 된다고 웃으며 얘기했다.

한번은 브라이언 부모님이 우리 부부를 초대하셨다. 나는 또 한 번 놀랐다. 브라이언의 부모님이 살고 계신 집이 꽤 으리으리했기 때문이다. 브라이언의 아버지가 마우이에서 둘째 가라면 서러울 정도로 큰 건축회사 설립자라는 사실을 알게 되었다. 그 당시 마우이에서는 한창 주택개발이 진행되고 있었는데 거의 대부분 브라이언 아버지의 회사가 맡아 진행하고 계시다고 했다. 그렇게 여유가 있는 집안의 아들이 청년기에 장애를 입게 되었지만, 부모님께 얹혀사는 것이 아니라 오히려 스스로 자신의 삶을 개척해 나가고 있는 것이다.

브라이언도 대단하지만 그 어머니가 더 훌륭해 보였다. 어찌 어머니의 마음이 아프지 않을까. 조금도 내색하지 않고 아들에게 닥친 곤경을 받아들이며 스스로 삶을 세워가도록 지켜보는 위대한 어머니였다.

독수리는 새끼의 비행훈련을 위해 낭떠러지에서 던진다고 한다. 처음에는 놀란 가슴에 비명을 지르기도하고 죽는다고 울부짖겠지만 날개로 받아주기를 여러 번 반복하는 사이, 점점 새끼 독수리의 날개는 강해져 간다. 어느 날 혼자서 멋진 비행을 하며 스스로 앞가림을 하는 독수리로 자라있는 모습을 보게 되는 것이다.

인간도 마찬가지이다. 조금씩, 조금씩 인생의 문제에 노출이 되고 혼자 해결해 보고 시행착오를 거치며 성숙하게 된다. 자녀들에게 적절한 도전거리들을 맡기고 해결할 수 있는 기회를 주어야 한다.

마마보이라는 말이 유행한지 꽤 되었는데 사그라질 기미는 보이지 않고 그 정도가 더 심해지고 있다는 반갑지 않은 소식을 듣고 있다. 내학 학점에도 관여하는 부모가 있다고도 하고, 결근할 때 직장까지 전화를 걸어 핑계를 대신 대주는 부모까지 있다고 하니 도대체 자식의 날개를 잘라서 어디다 쓰려고 그러는지 모르겠다.

그렇다고 나를 자식만 부려먹는 자로 오해하지 마시라. 안식일의 기쁨을 경험할 수 있도록 주일날은 모든 가사에서 자유를 허락했으니. 부모의 마음이 때론 모질어야 아이들을 강인하게 키울 수 있다. 한 번씩 기회를 보아 낭떠러지 밑으로 던져보기도 하고 받아주기도 하자. 홀로 비행할 그 영광의 날을 꿈꾸며!

축복의 씨앗을 맘껏 뿌려라

말이 씨가 된다는 말이 있다. 말을 뱉으면 그것이 씨앗처럼 심겨지고 열매(결과)로 나타난다는 뜻이다. 이것은 영적으로 매우 의미 있는 말이다. 하나님이 세상을 지으신 것도 '말'의 씨앗을 통해서다. 내뱉으신 말씀 그대로 세상이 이루어 진 것을 보면 확실히 '말'에 창조능력이 담겨 있음을 알 수 있다.

'말'은 또한 말하는 자의 내면상태를 나타내기도 한다. 말을 들어보면 그 사람이 어떠한 사람인지 알 수 있다고 성경에도 기록되어 있다(잠 23:7; 마 12:34).

어떤 CEO는 직원들이 새 프로젝트를 설명할 때 그들이 사용하는 언어를 유심히 듣는다고 한다. 프로젝트의 화려함이나 가능성에 상관없이 발표하는 직원이 사용하는 언어에 부정적인 표현이 많이 나오면 그 프로젝트는 쳐다보지도 않는다고 한다. 이미 그것을 준비한 직원이 뿌린 언어의 씨앗이 부정적이면 결과도 부정적일 수밖에 없다는 것이 그의 철

학이다. 반대로, 프로젝트가 별 볼일 없어 보여도 그것을 준
비하고 발표하는 직원의 언어에 확신이 깃들어 있고 긍정적
인 표현으로 가득 차 있으면 적극적으로 추진하도록 밀어준
다고 한다. 그는 말의 위력을 이해하는 것 같다.

가정에서도 마찬가지가 아닐까? 내면이 행복한 자녀들로
키우려면 부모의 입버릇이 고와야 한다. 자녀들의 육체는 좋
은 음식과 적당한 운동, 휴식 등으로 크지만 영혼은 부모의
축복을 통해 하나님의 복을 받기 때문이다. 성경에서는 특히
아버지의 역할을 강조한다. 아버지의 축복에 따라 하나님께
서 복을 주셨던 기록은 수없이 발견할 수 있다. 축복의 언어
로 아이들을 입혀보자. 아이들의 얼굴에 화색이 돌 것이다.
아이들의 웃음소리가 맑아질 것이다.

팔불출이라는 말이 있다. 팔불출이란 본래 "바보 혹은 어
리석은 사람"을 가리킨다는데, 자식이나 부인을 칭찬하는 것
은 어리석어 보인다는 뜻으로 사용되어지고 있다. 그러나 사
랑하는 가족을 위해 내가 팔불출이 되지 않으면 누가 팔불출
이 되어주랴. 지나치게 떠벌리면 우습겠지만 고의로 낮추는
것도 그리 건강한 일은 아니다.

"딸 셋이 착해서 좋으시겠어요."

사람들은 제 할 일을 척척 알아서 잘하고 배려할 줄 안다

며 우리 딸 셋을 칭찬한다. 그러면 나는 대답한다.

"네. 얼마나 감사한 일인지 모르겠어요. 정말 착해요."

예쁘다는 말을 들을 때도 마찬가지다.

"딸 셋이 너무 예뻐서 좋으시겠어요. 식사 안하셔도 배부르시죠?"

이렇게 물으시면 나는 맞장구를 친다.

"정말 너무 이쁘죠?"

우리 딸들이라고 어찌 흠이 없겠는가? 그렇지만 나는 긍정적인 면만 보려고 작정한 사람이다. 그렇게 해 보니 장점과 칭찬거리들이 더 자주 눈에 띈다. 어쩌면 내 딸이라기보다 하나님의 딸들을 우리 부부에게 맡겨두셨다는 세계관을 가지고 있기 때문에 나도 덩달아 딸들을 칭찬하는 것이 어색하지 않은지도 모르겠다.

간혹 자식의 험담을 늘어놓는 엄마들을 만난다. 물론 속마음을 털어놓거나 자식에 대한 고민을 상의하느라 그러는 분들도 있지만 가끔은 옆집 아줌마가 험담하듯이 자식을 욕하는 분들이 있다. 부모라도 입장을 바꿔 생각해 볼 줄 알아야 한다고 생각한다. 내 자식이 친구들과 선생님을 만날 때마다 엄마, 아빠 욕을 하며 험담을 늘어놓는다고 생각해 보라. 낯들고 다니겠는가? 험담은 악플 중에 악플이다. 자식들도 마찬가지다. 아무리 어리다 하여도, 그 자리에 없다 하여도 험담은 금물이다. 주님께서도 다른 사람들의 약점을 떠들고 다니는 것은 잘못된 것이라 하셨다(약 4:11-12).

친한 사람일수록 약점을 잘 알게 된다. 가까운 사이일수록 예의를 지키라는 말을 기억하며 서로 보호해 주기 위해 노력할 필요가 있다.

자식 뿐 아니라 남편의 흉보기를 밥 먹듯이 하는 사람들이 있다. 듣고 있는 사람이 민망할 정도로 심하게 늘어놓는 경우를 본다. 이따금씩 중보기도 모임 등에서도 이러한 실수가 드러나는데 특별히 다른 사람의 기도를 대신 요청하는 경우 조심해야 한다. 그 사람의 형편이 아무리 급박해보이더라도 본인 허락 없이는 다른 사람들에게 기도제목을 나누지 않는 것이 옳다. 소수라도 진심으로 기도하면 하나님께서 응답해 주실 것이다. 불가피하게 다른 사람의 기도제목이나 형편을 대신 나누어야 할 때가 있다면 하나님께서 주시는 사랑의 마음으로 나누려고 하는지 자신의 숨은 동기를 살피는 과정이 필요할 것이다. 본의 아니게 소문을 옮기는 꼴이 될 수도 있기 때문이다.

남 얘기는 둘째로 치더라도 자식들 앞에서 남편의 욕을 하거나 시댁 흉을 보지 않도록 조심하고 또 조심해야 한다. 내

편에게 흠집을 내는 것은 함께 망하는 지름길이다. 적에게 쏘아야 할 총을 동지의 얼굴에 퍼붓는 격이다.

『김밥파는 CEO(황금사자)』의 저자 김승호 대표는 자신의 저서를 통해 중요한 문제를 지적했다. 어떤 상점이 있었는데 직원들이 손님들에게 아주 불친절하더란다. 손님들에게 불친절하게 대하는 상점에 누가 가겠는가? 그 사업장의 결과는 뻔한 것 아닐까. 직원들의 불친절을 연구한 결과, 손님이 가고나면 사장이 직원들에게 손님 흉을 본다는 사실을 알아냈다고 한다. 망할 징조다. 험담은 그 순간 재미있는 것 같지만 말하는 사람, 듣는 사람, 험담의 대상 모두 망하는 일이다.

나는 직선적인 사람이다. 때로는 너무 지나치리만큼 직선적이어서 말을 해놓고 후회하고 회개하는 일이 많다. 내 성격이 그렇다보니 남편과 대화할 때 매우 직설적으로 말하곤 한다. 많이 고쳐가고 있지만 아직도 하루를 멀다하고 후회할 만큼 직설법을 사용한다. 부인으로부터 격려를 받고 칭찬을 받아도 시원찮을 텐데 날카로운 지적당하기를 밥 먹듯 하니 오죽 아플까. 그래도 감사한 것은 나의 진심을 아는지 잘 견뎌주고 있다(사실, 남편은 아주 존경스러운 사람이다. 하나님의 말씀에 신실하게 반응하고 부인을 아낄 줄 알며 자녀들에게는 최고의 아빠다. 나의 편협함으로 인해 화를 낼 뿐이다). 그렇게 남편 앞에서는 꼬박꼬박 따

져들고 하나라도 그냥 넘어가는 법이 없는 나이지만 아이들 앞에서는 아빠에 대해 조금도 부정적인 말을 하지 않으려고 애를 쓴다.

그 이유는 아이들에게 평생 남을 아버지 모습을 일그러뜨리고 싶지 않기 때문이다. 세상의 아버지는 어차피 완전하지 않다. 찾아내려고 애쓰지 않아도 험담거리는 수두룩할 것이다. 그러나 육신의 아버지를 통해 하나님 아버지 상을 그려 간다는 사실을 기억하자. 부족함을 애써 가리고 감출 필요는 없지만 그렇다고 만천하에 드러낼 필요도 없다. 더욱이 욕하고 험담하느라 좋은 부분을 보지 못하게 할 필요도 없다. 아이들은 엄마의 말에 매우 민감하다. 어려서부터 부모를 통해 세상을 보게 되고 사회성을 익히는 아이들은 무서우리만치 부모의 행동과 말을 닮아간다. 아빠에 대해 부정적인 말을 많이 듣고 자란 아이들이 아빠를 존경할 수 있을까? 아이들이 아빠를 부정적으로 생각하고 신뢰하지 못한다면 평소에 엄마가 아빠에 대해 어떻게 표현하고 있는지 살펴봐야 할

것이다. 엄마 아빠가 서로에 대해 험담하는 분위기에서 자란
아이들이 안정감대신 불안함을 보이는 것은 어쩌면 당연한
일일지도 모른다. 그런 환경에서 자라는 아이들은 하나님 아
버지에 대해서도 온전히 신뢰하지 못하는 모습을 형성해가
게 된다고 하지 않던가.

"뿌린대로 거둔다"고 하셨다. 사랑의 말, 믿음의 말, 긍정
을 선포하는 말, 소망의 말을 자녀의 심령에, 남편의 심령에
뿌려주자. 오늘은 다시 오지 않는다. 그러나 우리가 오늘 뿌
린 축복의 씨앗은 어느덧 싹을 내고, 자라나 열매로 돌려줄
것이다. 이 땅에서가 아니면 천국에서라도 크게 추수할 것이
다. 풍성하게 주시는 축복의 씨앗을 많이 뿌려 후에 풍성한
열매를 수확하는 부모가 되자!

배신하지 않는 것이 명품이다

결혼해서 이사를 자주한 탓도 있겠지만 워낙 알뜰한 우리 두 사람은 저렴한 것을 선호한다. 무엇이든 값이 싼 쪽을 선택하곤 했다. 하와이서 살다 한국으로 나온 뒤에도 가구는 중고점에서 구입했고 지인들이 넘겨주는 것으로 집을 채웠다.

가끔 들르시는 친정어머니께서 "애야 칼이 너무 안 든다. 하나 바꿔 써라. 썰기 힘들지 않니?"라고 말씀하셨지만 귀담아 듣지 않았다. 힘들긴 해도 아직 썰리는 칼을 바꾸는 것은 낭비라고 생각했다. 그러던 어느 날 막내 동생이 결혼을 하여 우리 집에서 몇 달 함께 산 적이 있다. 누가 칼질을 도와주고 싶어도 여벌이 없던 나는 도움을 받을 수 없었다. 여러 가지 생각 끝에 칼을 하나 더 장만하기로 했다.

마트에 나가 이것저것 둘러보다 알려진 브랜드의 칼을 집어 들고 한참을 망설였다. 다른 칼들에 비해 약간 비싼 가격이 주저하게 만들었지만 칼 세트 한 번 써보지 못한 스스로

를 위로하는 마음으로, 제대로 된 것 하나 잘 구입해 오래 쓰
자는 마음으로 투자하는 셈치고 얼른 집어 들었다.

칼은 정말 잘 들었다. 야채는 말할 것도 없고 아직 녹지 않
은 햄덩어리도 칼집이 쑥 들어간다. 정말 놀랐다. 다 녹이지
않은 햄덩어리를 써는 것은 상상도 하지 못했던 일이다. 이
전 칼과 비교할 수 없었다. 힘도 주지 않았는데 미끄러지듯
썰리는 햄을 보면서 감탄을 그치지 못했다.

"야~ 명품이 좋긴 좋구나."

아주 오래 전에 빗을 산 적이 있다. 머리카락이 빗기지 않
는 빗이 있다면 믿을 수 있을까? 아무리 뒤집어보고 바로 봐
도 분명 빗인데 딸아이들의 긴 머리카락을 빗어내질 못하는
빗. 결국 버리고 다른 것으로 구입했다. 그때부터 '메이드 인
차이나'는 피해서 사는 버릇이 생겼다. 요즘은 '메이드 인 차
이나'를 피하다 보면 아무것도 살 것이 없지만 말이다.

중국 훈춘지역의 외진 곳을 방문할 일이 있었다. 예전에
비해 부쩍 좋아진 호텔시설을 보며 중국의 성장을 한 눈에
짐작할 수 있었다. 욕실에 가서 꽤 좋아보이는 샤워기를 보
고 한번 더 감탄했다.

"드디어 깡촌 호텔에도 그럴싸한 샤워기를 달았군."

기분 좋게 샤워를 시작했는데, 물이 몸에 하나도 닿지 않

는다. 각도를 어찌 그리 절묘하게 맞추어놨을까? 물이 머리 위를 살짝 비켜가 샤워부스 벽을 치며 바닥으로 떨어진다. 마치 샤워실 청소용으로 달아 둔 것 같다.

지금은 다행히 중국 정부에서 각고의 노력을 한다니 중국산 제품들이 향상되겠지만 짝퉁왕국 불명예를 씻으려면 더 많이 노력해야 하지 않을까싶다.

그런데 이따금씩 나 자신도 짝퉁은 아닌가 반성하게 된다. 말은 번지르르한데 행동과 불일치를 이루지는 않는가? 자녀 양육 전문가로 활동하면서 우리 집 아이들은 제대로 기르고 있는가? 부인들에게 남편을 주님의 사랑으로 섬기라고 외치면서 정작 나는 남편의 작은 약점에 파르르 떨고 있지는 않은가?

명품은 달리 명품이 아니다. 제값을 못하는 것은 아무리 고가라도 명품이라 부르지 않는다. 고객을 배신하는 제품은 명품으로 인정받을 수 없다. 이름만 번지르르하고 하나 쓸데없는 것도 명품에 끼이지 못한다. 기대를 저버리지 않는 것만이 명품의 자격이 있다.

부모라면 부모의 가치가 있어야 한다. 한 번 좋은 엄마면 영원히 괜찮은 엄마로 남아주어야 명품엄마다. 비 오는 날 다르고 눈 오는 날 달라져서야 어디 마음을 놓을 수 있겠는

가? 자녀들이 불안에 떨고 가족들이 말도 못 붙이는 엄마는 명품엄마라 할 수 없다.

나는 오늘도 명품엄마가 되기 위해 애쓰며 수고했지만 때때로 잘 쌓아놓은 명품엄마로서의 명예를 실추시키기도 한다. 막내가 샤워 후 힘들었는지 옷 입는 걸 도와달라고 했지만 외면했다.

"혼자 입어."

무척 분주한 시간이었기에 퉁명스럽게 뱉었다. 계속 하던 일을 마무리하고 있는데 호피가 뒤통수에 대고 한마디한다.

“엄마도 딸의 말을 잘 들어줘야 해요!”

“응? 무슨 말이야? 딸이 엄마 말을 잘 들어야지 엄마가 무슨 딸 말을 잘 들어? 그런 게 어딨어?”

“하나님이 그랬잖아요. 엄마는 딸 말을 잘 듣고 딸은 엄마 말을 잘 들으라고요.”

“하나님이? 성경에 그런 말이 있어?”

“엄마가 딸 말을 안 들어주면 딸 입이 튀어나오잖아요. 그러면 하나님이 기뻐하시겠어요?”

자녀를 노엽게 하지 말라 그가 낙심할까 하노라(골 3:21).

‘에고. 내가 못살아. 쪼그만 게 왜 이렇게 아는 게 많은 거야??’

실추된 명예를 되찾기 위해서는 재빨리 경솔했음을 시인해야 하는 법.

“호피 말을 듣고 보니 엄마가 경솔했네. 맞아. 하나님은 서로서로 잘 들어주고 존중해 주는 건 좋아하시지. 미안해. 도움이 필요할 때 거절해서.”

아, 명품엄마로 가는 길은 멀고도 멀도다.

MILK
Brown sugar
doughnuts
my jam

편식은 예술이다

"이것 좀 먹어봐. 몸에 좋대. 콩을 먹으면 머리도 좋아지고 몸도 튼튼해져. 피부도 좋아진대."

온갖 미사여구로 꼬셔보지만 고개를 절래절래 흔든다. 우리 집 둘째 이야기다.

우리 집 둘째는 입맛이 여간 까다로운 것이 아니라서 매 끼니마다 걱정과 근심이 끊이질 않는다. 세상에 있는 모든 음식은 아니더라도 최소한 엄마가 정성껏 준비한 한 끼를 군소리 없이 먹어주면 좋으련만. 아이는 엄마의 소박한 소망을 모르는 채 미간을 찌푸린다. 아이의 음식타박이 시작되면 어느새 내려놓았던 마음이 분노의 안개를 피우려고 한다. 꾹 한 번만 참으면 되건만 고새를 못 참고 협박이 시작되는 날은 가족 모두가 가시방석이다.

채러티의 편식은 역사가 깊다. 갓난아기 때부터 생겨난 현상이다. 그때부터 엄마, 아빠의 연구가 시작되었으니 편식에

관한 한 통달을 했을 법도 한데 현실이 그렇지가 않으니 어찌 된 일일까. 편식에 대한 책도 보고 주변의 의사들과 유아 전문가들에게 자문도 구해보았지만 근본적인 뿌리에 접근하는 해결책은 아직 발견하지 못하였다.

편식은 비단 '음식' 한 가지만의 문제가 아니기 때문이다. 편식은 정서적인 측면과 미학적인 측면, 육체적인 측면의 복합현상이다. 편식의 여왕인 우리 둘째를 가만히 놓고 보면 음식을 대하는 태도가 다른 사람들과는 사뭇 다르다. 성격이 그대로 반영되기도 한다.

채러티의 경우, 새로운 것은 우선 거부한다. 맛도 보지 않았으면서 우선 싫다고 한다. 그것이 우리 둘째의 특성이다. 가만히 보니 음식만 그런 것이 아니다. 사람도, 배우는 것도 그렇다. 처음 보는 사람은 경계하고 자신의 한계를 도전해야 하는 새로운 것도 싫어한다. 충분히 낮을 익히고 나서야 수용하는 성격인 것이다.

둘째의 성격을 이해하고 나니, 음식타박도 어느 정도 용납이 가능해졌다. 그래서 약속을 하나 했다. 처음 보는 음식은 우선 한 입을 베어 먹은 뒤 채러티가 스스로 결정하기로. 음식에게도 기회를 주자는 측면에서 정하긴 했으나 이마저 쉽지는 않다.

다행스러운 것은, 커가면서 조금씩 친숙해지는 음식들이 많아지고 있다는 사실이다. 생각해 보니, 청소년기를 부산에서 보냈으면서도 내가 회를 먹기 시작한 것은 스무 살이 넘어서였다. 부산 사람들은 회를 밥 먹듯이 한다. 그럼에도 내가 회와 친해지는 데 꽤 오랜 시간이 걸린 것을 보면 우리 딸의 편식도 이해해 주지 못할 일은 아닌 것 같다.

나뿐 아니라 남편도 먹지 않는 음식이 있다. 우리 남편은 가지를 먹지 않는다. 이유는 잘 모르겠단다. 가지가 들어간 요리는 아예 거들떠보지도 않는다. 반면 나는 가지를 너무너무 좋아한다. 친정어머니께서 만들어 주시는 가지나물은 밥도둑 1호다. 내가 좋아하는 가지, 그 맛있는 가지를 남편이 입도 대지 않다니 말이 되는가. 볶아도 보고 쪄도 보고 튀겨도 보고 별 짓을 다하지만 남편의 젓가락은 여전히 가지를 피해간다. 친정어머니께서 찐 가지 무침을 너무나 맛있게 해 주시는 기억 때문에 나에게는 추억의 채소인 가지가 남편에게는 아무런 감동을 주지 못하는 식물일 뿐인 것이다.

내 남동생은 콩을 먹지 않는다. 내가 아는 어떤 사람은 국수류를 싫어하고, 또 누구는 면 종류라면 사족을 못 쓴다. 이렇듯 음식은 각기 취향에 따라 먹는 것이 있고 못 먹는 것이 있다. 어른이고 아이고 편식은 하기 마련이다. 아직까지 한

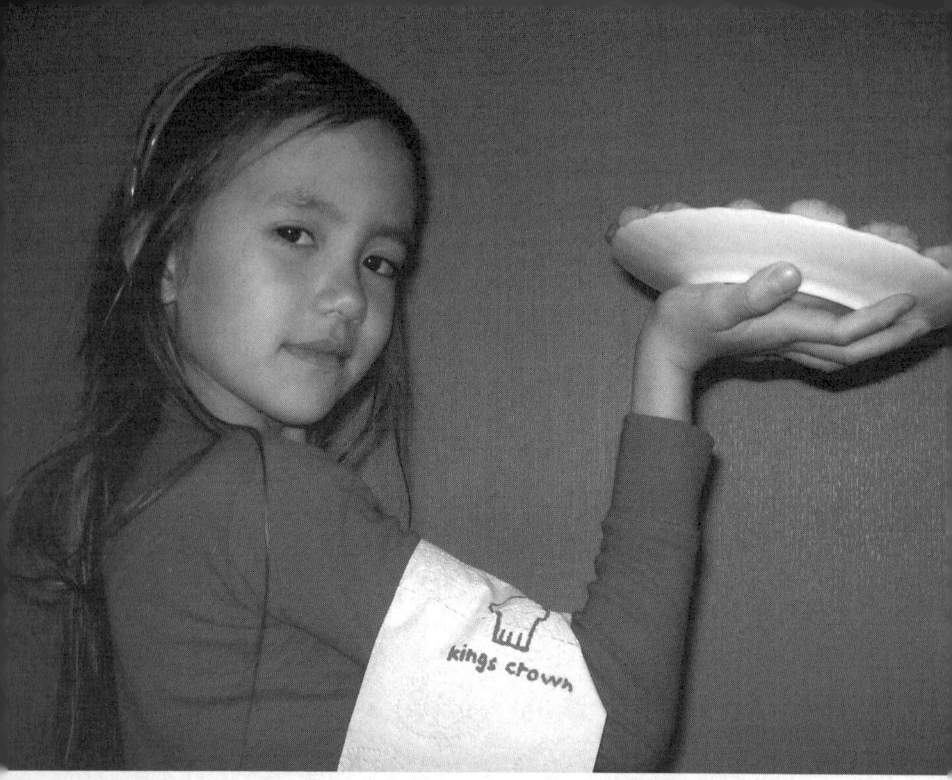

kings crown

번도 세상의 모든 음식을 다 먹는다는 사람은 보지 못했다. 제 아무리 먹성이 좋고 강심장을 가진 사람이라 하더라도 한 두 가지는 먹지 못하는 음식이 있기 마련이다. 적어도 내가 만나본 사람들은 그렇다.

음식은 굳이 싫어하는 음식을 빼고도 영양군에 맞추어 골고루 먹을 수 있다는 것이 나의 주장이다. 건강에는 아무런 지장이 없다. 굳이 정서상 맞지 않는 음식을 억지로 먹는 것도 먹이는 것도 고역이다. 커피를 너무나 사랑하던 친구가 임신했을 때 고민에 빠졌다. 아이를 생각하면 카페인은 한 방울이라도 넣고 싶지 않지만 커피 향을 맡으면 그 유혹을 참을 수가 없다며 산부인과 의사와 상담을 했다. 그는 너무 지혜롭게 친구의 고민을 해결해 주었다. 엄마가 아이를 위해 커피를 참는 것은 좋은 일이지만 너무 심하게 참느라 정서적으로 스트레스를 받을 정도라면 그 또한 아이에게 좋을 것이 하나도 없으니 너무 마시고 싶을 때는 커피를 약하게 마시거나 정서가 풀릴 정도로 홀짝홀짝 몇 번 마시라고 했다. 친구는 안심하며 기쁘게 커피 문제를 해결해 나갔다.

편식의 주원인이 무엇이든지 간에 스트레스를 주고받으면서까지 먹일 필요는 없지 않을까? 골고루 먹이려는 모성은 이해하지만 지혜롭게 영양군을 배치한다면 건강에 별탈은 없다.

세상의 모든 것을 다 먹어야 건강한 것은 아니니까. 목표를 좀 낮추는 것도 좋다. 굳이 싫다는 것을 꼭 먹이고 말겠다는 목표는 상대방에게 고통을 줄 수 있다. 거부감 없는 비슷한 영양군으로 접근한다면 마음을 상하게 하지 않고도 건강을 챙길 수 있다.

그래도 포기할 수 없는 것이 있다면, 고단수 전략을 써보자. 나도 둘째에게 콩을 먹이기 위해 채러티가 좋아하는 감자전에 아주 소량의 콩가루를 섞든지, 콩을 갈아 함께 부친다. 정말 소량을 섞어야지 아이가 눈치 채면 좋아하던 감자전마저 싫어하게 될 수 있다. 더 고약한 일은 아이의 신뢰를 저버리는 것이다.

둘째에게 고구마를 들이대면 "난 고구마 싫어해요"라고 일언지하에 거절하던 아이가 한국 나온 지 만 4년 2개월 만에 고구마 맛을 보더니, "똑같네?" 하며 맛있게 먹는다. 고구마를 싫어했던 이유는 색깔이 달랐기 때문이다. 하와이에 살때 맛있게 먹었던 고구마는 속이 보라색인데 한국 밤고구마는 노란색이라는 사실이 싫었던 것이다. 색깔 하나 극복하는데 꼬박 4년이 넘게 걸린 것이다. 그러나 포기하지 않고 기다렸더니 보람을 찾게 되었다. 고구마를 삶아서 권하기는 했지만 한 번도 윽박지르거나 억지로 먹어보라고 하지 않았다. 억지로 먹으면 소화도 안 되거니와 괜히 고구마만 보면 부담스러울 수 있다. 참고 기다렸더니 자연스럽게 고구마 팬이 되었다.

채소는 출발이 좋은 편이었다. 미국에서는 차를 타고 이동하는 시간이 많으므로 차 안에서 먹을 수 있도록 아삭아삭한 오이를 챙겨 다녔다. 오이부터 시작해서 당근, 양상추, 적색 양배추 등으로 옮겨갔다. 생것에 맛들은 우리 집 공주님들은 지금껏 별다른 소스없이 먹는다. 샐러드 소스 없이 생야채를 먹을 줄 몰랐던 나도 아이들 덕분에 생야채의 살아 있는 맛을 즐기게 되었다. 아이들에게 배우는 것도 있는 법!

MILK
Brown
suga
pawanhuts

자녀학대

성경에서는 자녀들의 잘못에 대해 따끔하게 다루라고 기록
되어 있다. 그렇다고 해서 자녀를 '학대'하는 것과 동일시하
거나 혼돈해서는 안 된다. 훈계를 반듯하게 하려면 부모의
감정이 먼저 정화된 뒤여야 가능하다. 실수와 죄에 대해서도
정확한 이해를 가지고 다르게 다루어야 한다.

며칠 전, 공공장소에서 한 엄마와 초등학교 2, 3학년 쯤 되
어 보이는 아들의 대화를 듣게 되었다. 내가 들을 수 있도록
분명하고도 큰 소리로 말씀해 주시는 바람에 아주 정확하게
들을 수 있었다.

아이가 산수 문제집을 풀고 있었던 모양이다. 옆에서 책을
읽고 있던 엄마에게 아이가 개미만한 소리로 잘 모르겠다고
했다. 엄마는 버럭 소리를 지른다.

"너, 이거 정말 몰라? 내가 몇 번이나 설명했니? 오늘 과외
선생님도 가르쳐 준 거잖아! 다시 해! 여기 글씨는 왜 이 모

양이야? 다 지워. 다시 써!!"

한 30분을 그렇게 실랑이 하더니 "가방 싸! 나가자!" 하며 홱 가버렸다. 여러 가지 생각을 하게 되었다. 하나는 엄마의 말투와 목소리 높이였다. 엄마는 내내 격양된 목소리로 윽박질렀는데, 놀랄 일은 아니다. 많은 엄마들이 이런 경우 차분하게 대처하지 못한다.

자녀들에게 친절하고 다정하게 이야기를 건네는 엄마들이 많아지긴 했다. 그런 사람을 만나면 나도 모르게 미소를 짓는다. 다른 사람이 자기 자식한테 그런 식으로 말한다면 한 마디도 끝나기 전에 펄쩍 뛸 텐데, 왜 엄마는 그렇게 말해도 된다고 생각하는 걸까?

나는 여기서 『학대받는 아이들(이호철, 보리)』이라는 책을 떠올리지 않을 수 없었다. 이따금씩 '내가 좀 심한가?'라는 생각이 들 때가 있다면 이 책을 읽어보기 바란다. 자녀학대는 종종 가해자 부모나 피해자 자녀들이 '학대'라는 생각을 하지 못한 채 가정사에서 흔히 일어난다. 일상생활 속에서 자주 일어나다 보니 그것이 '학대'일 것이라고 생각하지 못할 수가 있다. 그냥 화가 나서. 화를 참지 못해서. 너무 말을 안 들으니까 어쩔 수 없었다고 하지만, 단순한 부모의 무절제가 아이들 입장에서는 학대일 수 있다는 사실을 인식해야 한다.

'학대'란 몹시 괴롭히거나 가혹하게 대하는 것을 말한다. 상대적으로 힘이 약한 쪽, 반항하기 힘든 쪽이 일방적으로 억압이나 폭력을 당하게 되는 경우이다. 부모로 인해 아이들의 영혼이 피폐해지고 정상적으로 반응하지 못하게 되거나 금이 가며 어둡고 침울한 성격으로 변해가고 자신의 참모습이 아닌 가면을 쓰고 살아가도록 만든다면 그것이 바로 자녀 학대이다.

가족은 사랑이라는 이름으로 모인 사람들이다. 남편과 아내는 사랑으로 만나 결혼해서 가족을 형성한다. 하나님이 가정을 주신 이유는 돕고 사랑하라고 주신 것이다. 가정에서 천국을 맛볼 수 있어야 한다. 남편과 아내, 부모와 자식 간에는 세상에서 볼 수 있는 최상의 예의와 가장 따뜻한 언어, 최고로 아름다운 사랑의 행위가 오가고 존경과 신뢰가 흐르는 것이 정상이다. 우리 가정에서 이런 모습을 찾아볼 수가 없다면 자기진단, 상담 등 외부의 도움을 받아볼 필요가 있다.

분노는 일종의 습관이다. 나는 결혼해서 아이를 낳은 뒤 내 안에 있는 분노와 비로소 결판을 짓게 되었다. 그 동안은 가끔씩 튀어나오는 분노를 누를 수 있는 시간적 여유와 공간이 확보되어 있었으므로 대부분 스스로 처리가 가능했다. 그런데 가족들에게는 숨길 수가 없다. 나의 약함을 속속들이

알게 되는 가족들. 그래서 가족을 애증의 관계라고 한다던
가. 결혼 전에 나의 연약함을 드러낼 수 있는 상대는 '엄마'였
다. 엄마는 나의 가장 추악한 부분들을 다 받아 주어야 하는
대상이었다. 결혼하고 나서 그 대상이 바뀌었다. '자녀'는 나
에게 귀속된 대상처럼 생각되고, 나에게 의존하여 살아 가는
존재이기에 나의 모든 것을 보여도 되는 존재처럼 여겨졌던
것 같다. 물론 무의식 속의 생각을 얘기하는 것이다.

　하나님은, 분노를 야만적으로 표출하는 것은 절대적으로
옳지 않다는 사실을 깨닫게 해 주셨다. 『학대받는 아이들』에
의하면 부모들이 자신도 모르는 사이 자녀들에게 폭력을 행
사하고 있음을 시사해 준다. 우리나라에서 일어나고 있는 미
성년자 학대는 70% 이상이 가정에서 일어난다는 보고서를
본 적도 있다. 언어폭력, 육체폭력 등 부모들이 분노에 휩싸
여 생각 없이 던진 돌 하나에 아이들의 정서가 일그러지고 자
화상이 깨어지는 등 치명적인 생채기를 남기게 된다는 사실을
기억하자.

　　듣기는 속히 하고 말하기는 더디 하며 성내기도 더디 하
　라 사람의 성내는 것이 하나님의 의를 이루지 못함이라
　(약 1:19-20).

엄마 연습

아이들과 함께 도약하리

자녀 셋을 키우면서 하나님께 가장 감사하고 싶은 것은 나도 함께 성장할 수 있다는 사실이다. 잊고 살았던 유년의 시절로 데리고 가서서 많은 것을 다시 보게 하셨다. 어렸을 때 이해할 수 없었던 것들을 새로운 눈으로 보게 도와 주셨고 환경적인 이유 때문에 놓쳤던 행복도 새롭게 경험하게 하셨다.

아이들에게 노래를 불러주면서 내 안에 오랫동안 숨겨두었던 찬양에 대한 열정이 되살아났고, 무대 위에 여러 번 세워주시기도 했다. 아이들에게 책을 읽어주면서 내 속에 오랫동안 잠자고 있던 글에 대한 사랑이 새롭게 싹텄다. 아이들을 위해 기도해 주면서 엄마, 아빠의 사랑을 받을 수 없는 고아들을 향한 하나님의 마음을 배우게 되었다. 아이들을 데리고 공원에 다니면서 그동안 땅만 보고 살았다는 것을 깨닫게 하셨고, 깊고 푸른 하늘에 담아두신 하나님의 은혜, 초록빛 나뭇잎 속에서 들려오는 하나님의 세미한 음성을 다시금 발

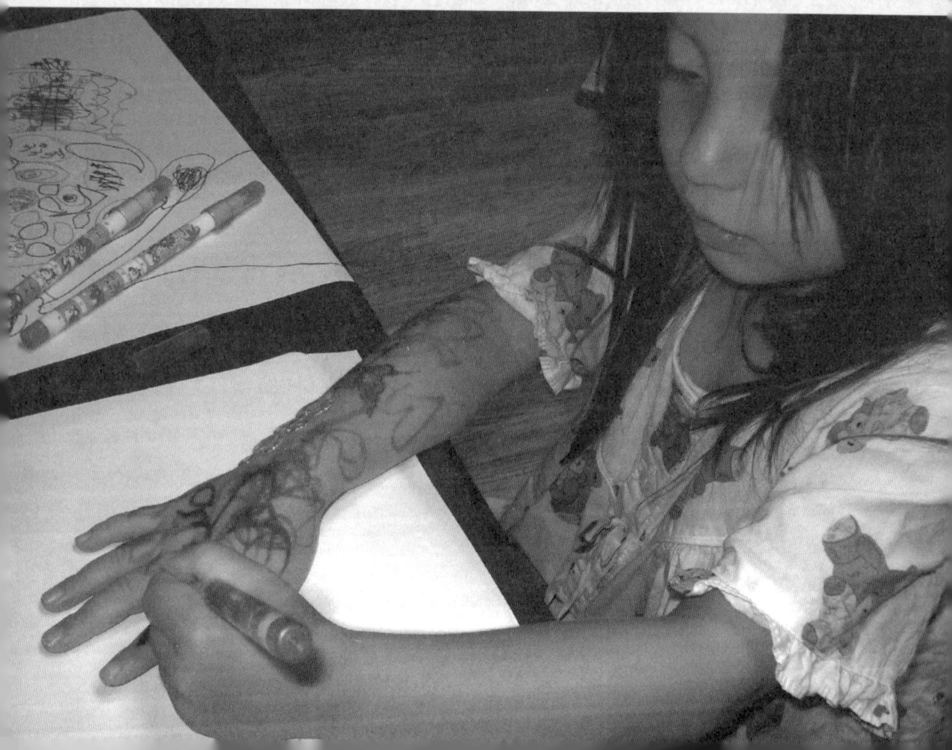

견하게 하셨다. 아이들에게 아빠나라의 언어와 엄마나라의 언어를 가르치다가 책을 번역하며 귀한 사역자들의 말씀을 통역하게 되었다.

내가 존경하는 믿음의 여인이 있다. "조이 도우슨 할머니 목사님." 그는 로랜 커닝햄이 국제 예수전도단 사역을 시작할 수 있도록 큰 힘을 불어넣어준 YWAM의 어른이기도 하다. 오랫동안 책과 가르침을 통해 한국 예수전도단의 영성에도 큰 역할을 감당하셨다. 『하나님의 음성을 듣는 삶』,『하나님을 경외하는 마음』,『내가 닮고 싶은 예수』(이상 도서출판 예수전도단)를 통해 경직된 한국교회 영성을 부드럽게 기경할 수 있도록 도우셨다. 그의 고백을 들은 적이 있다. 평범한 가정주부로 살면서 그 시간을 오로지 말씀과 기도에 전념했던 것이 어느새 사역으로 이어지고 목사안수를 받기까지 연결되었다고 한다.

내게도 아이가 하나, 둘 생기기 시작했을 때, 미혼 사역자로서 누릴 수 있었던 신나고 재미난 사역을 접어야 했던 시산이 찾아왔다. 처음에는 우울하고 화도 났지만 하나님께서는 오히려 칩거하는 시간을 통해 아이들과 함께 성장기로 사용하고 계신다는 사실을 깨닫고 있다.

아이들 낳고 키우느라 집에 갇혀있다고 생각하면 끝없이

불행해지고 만다. 불평만 할 것이 아니라 이 시간을 통해 하나 님이 어떤 부분을 성장시켜주실지 기대하며 꿈꾸어 보자. 2차 시기를 준비하는 마음을 가진다면 자녀를 양육하고 남편을 내조하는 시간이 결코 슬프고 우울하지만은 않으리라. 잃어 버렸던 꿈을 다시 꿀 수 있는 절호의 찬스이다.

아이들이 색칠할 때, 함께 이 색, 저 색 바꿔가면서 메말라 가는 색의 감각을 다시 되돌려도 보고 아이들에게 아름다운 일러스트레이션이 펼쳐지는 책을 읽어주면서 우리만의 동화 도 만들어 보자. 그러다 동화작가가 된 사람도 있다. 예쁜 노 래를 함께 부르며 화음도 내보고 녹음도 해 보자. 그러다 가 수로 전업한 사람도 있다. 함께 신나게 춤도 춰보고 클래식을 틀어놓고 우아한 발레도 시도해 보자. 하나님은 딸들이 춤추 는 모습을 젖은 눈으로 바라보시는 살가운 아빠시다. 아이들 을 위해서만 영어CD를 틀어놓을 일이 아니다. 아이가 벙글 벙글 웃고만 있는 동안 부지런히 입을 놀려 따라해 보자. 아 이가 클 때 즈음 영어도사가 되어있을 것이다(내 얘기다).

남들은 아직도 멋지게 사회생활을 잘만 하는데 난 왜 이 모양일까 신세한탄을 할라치면 끝이 없다. 제2의 도약을 준 비하는 마음으로 아이들과 함께 이 '성장기'를 누려보자. 멀 리뛰기 위해 움츠린 개구리처럼!

책에 열광하는 엄마

내 주변에는 자식을 키우면서도 학업을 이어가는 분들이 있다. 박사논문을 쓰기 위해 이곳저곳 쫓아다니며, 자투리 시간도 꼬깃꼬깃 아껴 쓰는 분들을 보면 존경스럽기까지 하다. 내게도 학업을 이어가고 싶은 간절함이 있지만 자녀양육과 남편 내조에 힘을 쏟아야하는 현재의 부르심으로 인해 더 배우고 싶은 갈증을 미루고 있다. 그러나 내게는 학업으로 돌아가지 못하는 현실을 보충해 줄 만한 나만의 학습법이 있다. 독서가 바로 그것이다. 요즘 책들이 좀 잘 나오는가? 궁금증이 유발될 때마다 도서관이나 서점을 찾는다. 쭉 진열되어 계신 나만의 스승들을 만날 수 있기 때문이다.

"Reader is Leader!"라는 말이 있다. 내 가슴 속에서 별처럼 빛나는 말이다.

우리 가족이 사역하고 있던 국제 YWAM 호놀룰루 지부에는 이 말을 평생실천하신 훌륭한 리더가 계시다. 호놀룰

루 지부장으로 수년간 사역하시다가 현재 태평양 지역 책임자로서의 직임을 맡고 계신 데니 레이먼 목사이다. 한국에도 그분의 책이 소개되었다. 예수전도단에서 번역하여 출간한 『영혼을 향한 타오르는 열정』, 『당신의 헌신이 벽에 부딪힐 때』 등이다. 그분과 함께 사역한 7년 동안 배운 헌신과 열정에 대해서는 책 한 권을 써도 모자랄 것이다. 많은 젊은이들을 선교사로 훈련하고 배출하신 베테랑 사역자이며 국제 YWAM의 지도자로서 존경받고 있는 그분의 말씀은 선교를 향한 열정이 그대로 전해져 눈물 없이 들을 수 없을 정도다.

처리해야 할 행정적인 일과 가르치는 사역만으로도 벅차실 텐데 하와이에 계시는 동안에는 어김없이 금요전도에 참여하시는 실천가이기도 하다. 사실 매주 와이키키 시내에 나가 전도하는 프로그램은 DTS학생들을 훈련하기 위한 과정으로 고참 사역자들은 빠져도 되는 시간처럼 여겨지고 있다. 그러나 대선임이신 데니 레이먼 목사는 직접 제작한 전도지를 들고 와이키키로 내려간다. 전도지를 돌리기도 하고 대화가 통하는 사람을 만나면 상담도 하며 복음을 전한다. 국제 YWAM에서조차 "살아있는 전도자"라고 불릴 정도니 영혼을 향한 열정이 얼마나 대단하신 분이신지 짐작할 수 있을 것이다.

이렇듯, 국제 YWAM의 지도자로, 전 세계를 다니며 진리를 전하는 성경 교사로서의 직임을 감당하면서도 최전방 사역에도 혼신의 힘을 다하시는 겸손과 저력은 어디서 나오는 걸까? 그 모든 것이 주님의 도우심과 은혜 때문에 가능한 것이겠지만 그분의 삶 속에서 솟아나는 영성의 깊이는 단연 순수한 책사랑에 숨겨 있다고 생각한다.

레이먼 목사님은 누군가 질문을 하면 서고에 꽂혀있는 책을 일일이 꺼내 보여주며 토론하기를 즐기신다. 그 많은 책에 빼곡히 그어진 밑줄을 일일이 짚어주며 토론의 주제를 이어가는 것을 본 사람들은 혀를 찬다(기억력도 좋으시다!).

그분이 늘 하시는 말씀이 바로 이것이다.

"Reader is Leader!(독서가가 리더다)"

자녀양육 강의를 할 때 나는 이따금씩 엄마들에게 묻는다.

"최근에 읽은 책이 무엇입니까?"

어린 자녀를 둔 엄마들이 강의만이라도 잘 따라오고 과제를 소화해 내는 것만으로도 대견스럽지만 조금 독한 마음을 먹고 독후감을 요구하기도 한다. 독서의 가치를 알고 있기에 엄마들에게 꼭 전수해 주고 싶은 부분이기 때문이다. 그런데 의외로 책 읽는 엄마를 찾기가 쉽지 않다. 자녀들을 위해서라면 출혈을 해서라도 전집을 장만하는 엄마들이지만 정작 자신을 위해서는 단행본 한 권도 구입하지 않는 이들이 부지 기수다.

　우리나라 성인 10명 가운데 3명은 1년 가도 책 한 권 읽지 않는 것으로 조사되었다. 비교대상인 일본의 성인에 비교할 수 없을 만큼 저조한 성적이다. 일본은 정부와 민간단체들이 협력하여 범국민 독서운동을 17년간 진행하고 있다는데 우리나라도 독서에 대한 캠페인 등을 통해 범국민적으로 인식을 바꾸는 작업을 하면 좋겠다. 독서는 곧 미래에 대한 투자다. 미래를 준비하는 자가 반드시 끼고 가는 동지이기 때문이다.

　14세기 계몽철학가 임마누엘은 말한다.

　"그대의 돈을 책을 사는 데 써라. 그 대가로 황금과 지성을 얻을 것이다."

　미국의 자동차 왕 헨리 포드는, 젊었을 때는 저축할 생각을 하기보다 그 돈으로 책을 사서 미래를 준비하는 사람이 되라고 충고한다. 다양한 경험을 통해서 나오는 지혜를 얻기 위해 오히려 아낌없이 돈을 써야 한다고 강조한다. 어떻게 돈을 벌어야 할 지, 어떻게 돈을 써야할 지를 알고 있는 사람은 결코 나이 들어 빈민굴에 들어가는 일은 없을 것이기 때문에 걱정 말고 책에 투자하라는 것이다.

그는 사춘기에 집을 나와 디트로이트의 기계공장에서 주급 2불 50센트를 받으며 일하게 되었을 때부터 매주 20-30센트를 투자해서 기계학 잡지를 사들였고 막상 결혼할 때가 되었을 때는 잡지 묶음 외에는 가진 것이 거의 없는 상태였다고 한다. 악착스럽게 독서에 공을 들인 것이 결국 기계에 대한 지식과 영감을 주었고, 포드 자동차를 만드는 데까지 이어졌다.

포드뿐 아니라 독서를 통해 자신이 몸담고 있는 분야에서 성공의 길을 발견했다고 주장하는 사람들을 자주 만나볼 수 있다. 대기업의 총수, 정치계 지도자, 종교 지도자 모두 독서의 중요성을 강조하고 나선다. 나 또한 독서로 지식과 지혜를 얻고 있기에 B.맘스쿨을 통해 엄마들에게 무엇보다 강조하는 것이 '독서'이다. 엄마가 책을 많이 읽고, 똑똑해져야 남편도 똑소리 나게 내조할 수 있고, 자녀양육도 똑부러지게 할 수 있는 법이다. 아이들이 책을 읽으면 아이들만 똑똑해지지만 부모가 책을 읽으면 부모 자신 뿐 아니라 자식들에게까지 떨어지는 콩고물이 있다는 사실을 기억하면 좋겠다.

B.맘스쿨 훈련기간 동안 책을 한 권 정해 읽고 리포트를 제출하도록 하는데, 이 과정을 통해 책 맛을 본 엄마들은 또다시 읽고 싶다고 한다.

"이렇게 좋은 걸 왜 안 읽었는지 모르겠어요."

그러면서 나들이 장소를 서점으로 바꾸기도 한다.

확실히 책 읽는 엄마는 다르다. 눈빛도 다르고 자녀를 대하는 태도도 다르다. 책 읽을 때 생기는 사색의 힘으로 인생을 바라보고 사람을 대하기 때문에 확연히 구분될 수밖에 없다. 사색을 통해 생각할 수 있는 힘을 기르면 잔소리는 줄고 할 소리만 하게 된다. 잔소리와 심도 있는 교훈의 소리를 구별할 수 있게 되기 때문이다.

독서가 이토록 중요함에도 양서와 그렇지 못한 책이 존재함을 인정해야 한다. 책과 친하지 않다면 먼저 추천도서들을 중심으로 읽어보자. 주변의 신뢰할 만한 사람, 평소에 존경하던 분들에게 양서를 추천해달라고 하면 아무도 손사래 치지 않을 것이다. 책을 자주 대하다보면 어느새 책에 대한 변별력이 생겨날 것이다. 세상의 수많은 소음 속에서도 진실과 진리를 구별해 낼 수 있는 능력을 기를 수 있다.

세상에서 가장 좋은 책은 역시 "성경"이다. 오랫동안 교회 다녀도 성경통독 경험이 없는 분들이 있는데 성경통독을 한 번 경험하면 왜 시편기자가 "꿀처럼" 달다고 표현했는지 이해할 수 있다. 한꺼번에 많이 읽으려고 욕심내면 지칠 수 있으니 처음에는 조금씩 자신의 수준에 맞게 양을 정해보자.

나는 한 때 매일 한 장씩 읽기, 일 년에 1회 통독하기 등을 목표로 세우기도 했지만 막내가 만 6세가 되고서부터 좀 더 과감한 목표를 세우고 틈이 날 때마다 전투적으로 성경을 읽기 위해 애쓰게 되었다. 성경을 읽을 때 다른 번역본(한글성경, 우리말성경, 표준번역, 유진 피터슨의 메시지 등)을 참고하고 영어성경도 함께 보면 말씀을 이해하는 데 훨씬 폭넓은 안목을 제공받을 수 있다.

성경을 매일 읽는 사람들의 공통적 견해는, 인생의 모든 문제에 대한 해답이 성경 속에 들어있다는 것이다. 또한 읽으면 읽을수록 새롭고 흥미로운 것이 성경이라고들 이구동성 외친다. 하나님께서 인생의 모든 답을 이미 손에 딱 잡히는 한 권의 성경에 넣어주셨다는 사실이 놀랍지 않은가? 아이들과 함께 매일 성경을 읽어보자. 아이들의 삶이 변하고 축복을 경험하게 될 것이다.

책을 많이 읽으라고 잔소리만 하는 엄마가 되기보다 책을 직접 읽어 모범이 되어주자. 아이들은 엄마의 책 읽는 모습을 사랑한다. 그리고 그 모습을 닮고 싶어 한다.

자전거의 교훈

대니엘린은 다섯 살이 되던 해에 두발 자전거를 타기 시작했다. 처음엔 보조바퀴가 달려있는 것을 교회언니에게서 물려받아 타다가 보조바퀴 없이 타보고 싶어 하여 보조바퀴를 떼어내고 그날부터 맹훈련을 시키기 시작했다.

남편은 중심 잡는 요령, 브레이크 사용법, 사고대처 요령을 가르쳤다. 뒤에서 밀어주다 놓아주기를 수십 번, 나름대로 열심히 노력은 하는 것 같은데 왜 그리 못 타던지. 다리를 페달에 올리고 힘껏 밟으면 앞으로 쌩쌩 달릴 수 있는 것을 자꾸만 한쪽 다리를 내려서 급정차를 하거나 넘어지기 일쑤였다. 그 꼴을 보고 있자니 속이 타서 잠자코 있을 수가 없었다. 슬금슬금 잔소리가 나오기 시작했다.

그러던 어느 날, 대니엘린이 웬일로 발을 페달에서 떼지 않고 앞으로 쑤욱 나가는 게 아닌가.

"야호!"

모두들 환호성을 쳤다. 아, 그런데 꽈당! 하고 나무에 처박고 만다. 그 고운 얼굴에 큰 상처가 나버렸다. 어찌나 화가 나던지 막 소리를 질렀다.

"브레이크를 밟아야 서지! 그렇게 막 나가면 어쩌자는 거야! 앞을 봐야 할 거 아니야!"

속상한 마음에 있는 대로 소리는 질렀지만 사실 나는 그렇게 소리 지를 자격이 없는 사람이다. 자전거를 못 타기 때문이다. 얼마나 웃긴 일인가. 못하는 주제에 잔소리를 하다니. 나 하기 싫은 것을 남에게 강요하다니. 물론 내게는 타당한 핑계가 있다. 어렸을 때 세 발 자전거가 뒤집어져 팔을 부러뜨린 적이 있다. 6학년 때 다시 자전거 타기에 시도했다가 또다시 크게 다친 이후 자전거는 쳐다보지도 못했다.

그날 잠자리에 들기 전에 회개해야 했다. 나의 이중 잣대를 주님 앞에 내려놓아야 했다. 내가 힘들어하는 것이라면 딸에게도 힘든 법인 것을, 내게 무서운 것은 아이에게도 무서울 수 있는 법이거늘. 부모가 서툰 것은 자녀도 서툴 수밖에 없다는 사실을 생각하니 딸에게 한없이 미안한 마음이 들었다.

그 다음날 남편에게 중대 발표를 했다.

"여보, 저도 자전거 타는 거 가르쳐 주세요. 위선자가 되기

싫어요. 저도 못타면서 애한테 못 탄다고 윽박지른 죄로 두
려움을 극복해 보겠어요."

　남편은 열심히 모녀를 지도했다. 내게 자전거 타는 맛을
보여주기 위해 남편은 중고로 성인용 보조장치를 구입해 자
신의 자전거 뒤에 부착하고 태워주었다. 이틀 동안 뒷좌석에
앉아 자전거 타는 느낌이 어떤 것인지 신나게 누렸다. 자전
거 체험이 끝난 뒤 주변에서 빌린 청소년용을 2주간 탔다. 키
작은 자전거는 발을 빨리 내려놓을 수 있어 안심이 되었다.
부인과 딸의 자전거를 밀어주느라 남편의 허리는 휘었지만
우리 둘 다 영광스럽게 자전거 학교를 졸업할 수 있었다.

　물론 훨씬 몸 빠르고 젊은(어린?) 대니엘린이 먼저 자전거
를 잘 타게 되었다. 대니엘린이 운동장을 시원하게 달리는
동안 나는 남편의 개인지도를 받아야 했지만 우리 딸들의 응
원과 성원에 자전거 공포심을 극복하고 마침내 혼자서 자전
거를 탈 수 있게 되었다.

　내가 자전거를 배운 것도 신나는 일이지만 자전거 사건을
통해 큰 것을 배웠다. 나 아닌 누군가가 하는 것은 모두 쉬워
보이지만 직접 해보면 생각만큼 쉽지 않을 수 있다는 사실과
그렇기 때문에 쉽게 판단해서는 안 된다는 것을 깨달았다. 자
식도 예외가 아니다.

"넌 왜 다른 애들처럼 못해?"

"그렇게 해서 김연아같이 되겠어?"

"무서워하지 말고 팍팍 좀 해봐."

옥박지르고 화내는 대신 직접해 보는 것은 어떨까? 비교 대신, 잔소리 대신, 제대로 된 코칭을 할 수 있게 되지 않을까? 음악가 친구가 말했다.

"아마추어 관객이 제일 무서워. 귀신같이 틀린 걸 알아낸다니깐."

실제로 연주하는 사람들끼리는 조금 실수를 해도 그럴 수 있다고 이해해주고 잘한 부분만 들으려는 태도가 있는 데 반해 피나게 연습해 본 적이 없는 사람들은 오히려 냉정하게 비판한다고 한다.

우리 집에는 이제 막내만 남았다. 세발자전거에서 보조바퀴로 업그레이드 된 막내 호피가 좀 더 커서 두 발 자전거를 혼자서 씽씽 탈 수 있게 되면 우리 가족은 자전거 여행을 떠날 계획이다. 남편은 한반도에 평화가 깃들어 왕래가 자유로워지면 우리 집 일산에서 출발해 북한 땅을 관통한 뒤 중국 대륙이나 러시아, 몽골 쪽으로 자전거를 몰고 한 없이 올라가자면서 미소를 짓는다.

행복을 미루지 말자

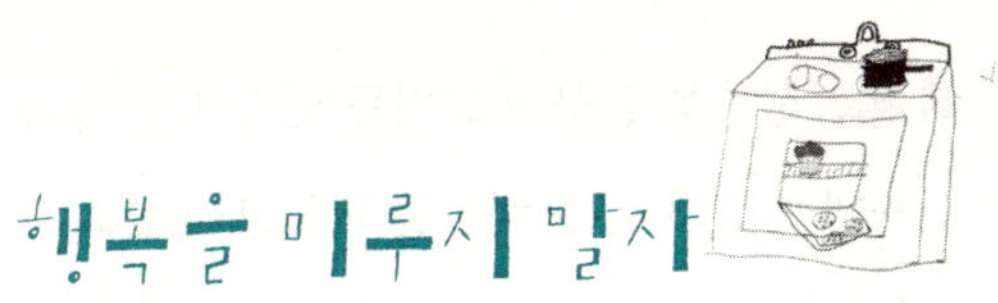

지금 행복하지 않은 것은 행복이 아니다. 행복을 위해 있는 힘을 다해 수고한다면 그 마음은 행복으로 가득해야 하는데 많은 사람들이 애만 쓰지, 정작 행복을 느껴야 할 마음은 행복을 알지 못한다. 행복은 조건과 환경에 상관없이 누릴 수 있는 것이라는 사실을 알게 되었을 때 적잖게 놀랐다. '행복'의 정체를 발견하고 보니 행복은 공기처럼 어디서나 쉽게 발견할 수 있는 것이었다. 일상 속에도 행복은 담겨있고 하다못해 따스한 햇볕 아래 서 있는 것만으로도 행복을 느낄 수 있다. 그러나 행복이란 놈은 행복을 알아보는 사람에게만 나타나는 신비로운 것이다.

나는 대학입학 후 정신적으로 매우 큰 혼란을 겪었다. 비단 나 자신 뿐만이 아니라 대다수의 대학 신입생들은 나락과 같은 혼란 속에 빠지게 된다. 대학을 가면 모든 것이 나를 위해 준비되어 있고 행복이 기다리고 있는 줄 알았다. 힘들 때마다 환상적인 캠퍼스 생활을 꿈꾸며 고비를 넘겼다. 그렇게 힘들게 도달한 산꼭대기, 그곳은 오랫동안 피하고만 싶고 고통을 안고 헤쳐 나가야 했던 현실을 극복할 수 있는 유토피아가 아니었다. 모든 청소년들의 이상이며 부모님들의 소망인 대학은 행복을 보장하는 곳이 아니다.

학령기에 접어드는 아이들에게 부모들이 가장 자주 하는 말이 무엇일까?

"공부가 먼저야."

"성적을 잘 받아야 해."

"시험은 한 번 망치면 안 돼."

중고생이 되면 어떤가?

"대학가서 생각해."

"대학 간 뒤 다른 것 해도 늦지 않아."

"남들 다 가는 대학도 못가면서 다른 것 하면 사람들이 알아주기나 해?"

아이들이 자라면 자랄수록 부모의 따뜻한 관심과 사랑, 격려, 신뢰가 더 많이 필요한 법인데 우리의 표현은 점점 딱딱해진다. 하루 종일 아이들에게 들려주는 말이란 것이 야단치고 혼내고 자존심을 상하게 하는 소리만 해대는 건 아닌지. 자녀들도 나이를 먹으면 먹을수록 넘어야 할 산도 많아지고

건너야 할 강도 깊어진다. 미래가 불확실한 청소년들에게는 이전보다 더 깊은 관심과 애정이 필요할지 모른다. 물론, 자녀들의 연령에 따라 애정표현의 모양이 바뀌어야 할 것이다. 모양은 바뀌어야 하겠지만 양은 변하지 않아야 한다. 그들의 영혼을 충분히 적시고도 남을 만큼의 애정을 넘치도록 부어 줄 수 있어야 할 것이다.

고통과 어려움을 극복하는 것과 행복을 미루는 것은 다르다. 기본적으로 부모가 있는 아이들은 행복의 조건을 갖춘 상태다. 하나님께서 인간에게 허락하신 가장 큰 축복으로 출발한 인생이다. 그런 아이들에게 마치 행복은 나중에 얻는 것처럼 가르치지 말자.

이따금씩 주변 사람들이 홈스쿨링의 이유를 묻는다. 여러 가지 이유가 있지만, 나의 가장 중요한 이유는 행복을 포기하지 않기 위해서다. 아이들이 행복 미루는 습관에 젖게 하고 싶지 않다. 가정에서 함께하는 행복, 엄마 아빠의 따뜻한 돌봄 속에서 배우는 세상은 아이들에게 행복을 맘껏 누릴 수 있는 공간을 제공한다. 하루 종일, 몇 시간씩 한 자리에 앉아 자신이 좋아하는 책을 읽고, 좋아하는 역할 놀이를 하면서 자신이 진정으로 몰두할 수 있는 영역을 발견할 수 있는 행복. 자신이 사랑하는 일이 곧 세상에서 가장 소중한 것일 수 있다는 사실을 깨달으며 하늘을 향해 미소를 날릴 수 있는 행복을 터득하길 바란다.

인생의 이치를 발견하여 지혜서를 남긴 솔로몬 왕의 충고도 바로 그것이었다. 한 동안 전도서를 여러 번 읽으면서 재미있는 점을 발견한 적이 있다. 인생의 수고와 수고의 열매를 '누리는 것'이 얼마나 중요한지에 대해 반복적으로 언급하고 있다는 사실이다. 인생에 대한 그의 결론은 하나님의 선물인 인생을 누리라는 것이다(전 3:13).

선천적으로 아이들은 어른들의 눈에 잘 보이지 않는 행복을 발견할 수 있는 신비의 눈을 가지고 태어나는 것 같다. 우

Tips for Your
(That's a fancy word for hair!)
Clip these pretty butterflies into
your hair for a fancy, fluttery look!

리 아이들이 제일 행복해 하는 시간을 관찰해 보아도 대부분
사소해 보이는 일상 속에서 발견하는 것들이다. 아이들이 행

엄마 연습

복한 가슴으로 미래를 준비할 수 있도록 도와줄 수 있다
면 꿈을 향해 나아가는 길목에서도 행복의 향기를 찾아
낼 줄 아는 아름다운 사람으로 자라갈 것이다.
오늘을 누릴 줄 아는 사람이 내일도 행복한 법!

사람들이 사는 동안에 기뻐하며 선을 행하는 것보다 더 나은
것이 없는 줄을 내가 알았고 사람마다 먹고 마시는 것과 수
고함으로 낙을 누리는 그것이 하나님의 선물인 줄도 또한 알
았도다(전 3:12-13).

에필로그

아빠의 존재감

아들에게도 마찬가지겠지만 아빠라는 존재는 딸들에게 매우 중요한 대상이다. 아빠를 통해 남자의 속성을 배우게 되고 아빠라는 존재를 통해 자존감 및 이성적 존재감, 대인관계의 기초를 다지게 된다. 통계적으로 아빠를 닮은 남자를 만나 결혼할 확률이 많다고 하는 것을 보면 딸의 장래를 그려볼 수 있을 정도로 아빠라는 존재가 딸의 일생에 미치는 영향은 매우 크다.

게다가 신앙생활을 하는 크리스천들은 육신의 아버지를 통해 하나님 아버지를 보기 때문에 아버지에 대한 인상이 하나님을 향한 신앙의 태도를 결정짓기까지 한다.

나는 아빠를 중학생이 되던 해에 잃고 나서 은연중에 아빠 또래로 보이는 분들에게 특별히 애착을 느꼈다. 목사님, 전도사님, 주일학교 교사 등, 내가 의지할 수 있는 분들이었기에 무척 따랐다. 그분들도 영적인 부분을 채워주고 나를 위

해 기도해주기도 하고 인생 선배로서 조언을 아끼지 않으시
며 인격형성에 선한 영향력을 끼쳐주셨지만 역시 아빠의 빈
자리는 늘 휑하니 비어있었다.

하나님을 인격적으로 만나고도 늘 불안했다. 하나님을 어
떻게 대해야 할지 몰랐기 때문이다. 육신의 아버지와의 추억
이 손에 꼽히는 상태에서 눈에 보이지도 않는 하나님과 부녀
지간을 맺어가는 것이 내게는 참으로 큰 고역이었다. 그러나
인격적인 하나님 아버지께서 서서히 다가오시면서 아버지의

역할을 하나둘씩 보여주셨고 그 사랑을 체험하면서 아버지
가 어떤 분이신지 딸이란 존재는 아버지에게 어떤 의미인지
비로소 그림을 그려갈 수 있었다.

그런 의미에서 우리 세 딸은 몹시도 큰 행운을 안고 살아
가는 아이들이다. 자식들의 삶을 돌이켜보면 (물론 재정적인 면
에서 무척 고생을 하긴 했어도) 아빠가 거대한 밤나무처럼 팔을 떡
하니 벌리고 있고 마음껏 매달릴 수 있어 얼마나 행복한지
모른다.

남편은 결혼하기 전부터 사역자로서의 사명을 감당하고

있기 때문에 결혼자금을 모아둔 것도 없었고, 결혼해서 내내 선교활동과 구호활동에 전념하고 있는 우리 가족의 재정은 늘 바닥이었다(이 이야기는 나중에 기회가 되면 더 하도록 하자). 그래서 아이들의 옷, 신발 장난감은 얻어 입히고, 책은 도서관에서 빌려다 보고 비싼 곳은 데려갈 수 없어 공원, 놀이터, 산, 계곡으로 돌아다니지만 우리 아이들은 아주 행복한 아이들로 자라고 있다. 순간순간 감사기도를 드리면서 말이다. 세상에서 제일 좋은 아빠가 있기 때문에 부족해 보이는 것들마저 다 덮어지는 것 같다.

남편은 아이들의 안전에 가장 신경을 쓴다. 그래서 우리는 타지방으로 가야할 일이 있을 때는 아이들을 꼭 데리고 다닌다. 단 한번, 제주도에서 열린 세미나 강사로 초청받아 다녀올 때 아이들을 동생내외에게 맡긴 일이 있다. 그것도 이제 아이들이 많이 자라 서로 돕고 알아서 잘하기 때문이고, 일정이 급해 1박 2일로 곧장 올라와야 했기 때문에 결정한 것이다. 평소에는 언제나 나에게 아이들 곁을 지키도록 신신당부한다. 혹시 내가 기도모임이나 강의, 통역 등으로 자리를 비워야 할 때는 주변에서 아이들과 함께 있어 줄 수 있는 사람을 찾고 그도 여의치 못한 경우 남편 사무실에라도 데려다 놓게 한다.

남편은 아이들에게 부모의 역할이 무엇인지 본보기가 되어 준다. 나는 끓는 냄비 같아서 좋을 땐 간이며 쓸개도 다 빼주지만 틀어지면 천둥벼락이 바로 떨어진다. 반면 남편은 아이들에게 엄하면서도 늘 인격적으로 수용하고 인정해 준다. 홈스쿨링 초창기 때 수업을 하면서 참 아이러니하다는 생각을 하기도 했다. 아이들이 나와 수업을 할 땐 심각해지고 때론 울기도 하는데 아빠랑 공부할 때는 깔깔대는 소리가 끊이질 않는다. 자존심 상해서 그만둘까 여러 번 생각하기도 했지만, 내 인격 수양의 시간으로 생각하고 남편으로부터 많이 배우고 있다.

남편은 하루의 반을 떼어 딸들에게 투자하고 있다. 홈스쿨링으로 자녀를 양육하는 가정이 대부분 그렇겠지만 우리 집은 아빠의 역할이 절대적이다. 대니엘린과 채러티는 어려서 책 읽는 과정까지만 내 손을 거쳤고 지금까지 아빠의 지도로 학업을 이어가고 있다. 막내 호피는 아직 나와 책읽기 연습 중이다. 물론 한국어는 나의 지도를 거쳤지만, 그것도 남편이 서둘러 시간을 잡아주고 나를 재촉했기 때문에 때를 놓치지 않고 적절하게 지도할 수 있었다. 남편은 아이들이 태어나기도 전부터 이중 언어를 습득하게 해야 한다는 철학을 가지고 있었다. 엄마나라와 아빠나라에 대해 잘 알아야 한다고

생각해서 망설임 없이 한국행을 결심할 수도 있었다.

　남편은 나보다 한국의 지리를 더 잘 안다. 부산엘 다녀와
도 이길, 저길 다 이용해 본다. 나는 부산가는 길은 경부고속
도로 밖에 없는 줄 알았다. 미국인 남편 덕에 부산 가는 길이

엄마 연습　241

여러 개 있다는 사실을 알았다. 동해, 서해안, 중부내륙, 중앙 고속도로 등 부산에 닿는 법은 참 많았다. 북한도 수시로 들락거리고 있으니 어떤 의미에서는 한국이 고국인 나보다 한국을 더 잘 안다고 할 수 있다.

남편은 아이들에게 삶의 가치를 심어준다. 북한 어린이들을 위해 저금통을 만들게 하고 틈틈이 북한을 축복하며 동전을 넣게 한다. 한국으로 나와서 제일 처음 아이들을 데려간 곳도 통일전망대이다. 일산으로 이사를 온 이유 가운데 한 가지도 아이들에게 자주 북한을 보여주며 온전한 한반도를 이해하도록 돕기 위함이다. 아마 우리 가족이 입장료를 아까워하지 않는 곳이 있다면 통일전망대뿐일 것이다. 그곳에서 재화합을 이룰 남과 북을 위해 기도하며 아이들에게 꿈을 심어준다. 남과 북이 하나 되어 하나님의 이름을 함께 높일 날을 자녀들의 세대가 맞게 될 것인데 아이들에게 준비시켜야 한다는 것이다. 그래서 나도 요즘은 자녀양육 강의를 할 때 반드시 남북 화해의 시대에 대해 언급하며 그것이 하나님의 뜻임을 강조한다. 엄마들이 먼저 나서서 자녀들에게 한반도의 실정을 인지시키고 해결책을 함께 찾으며 미래의 그림을 그려나가게 돕는다면 우리나라의 미래는 훨씬 밝아질 것이다. 더 이상 민족끼리 총부리를 겨누는 일은 없어져야 한다.

남편은 아이들과 함께 놀 줄 아는 아빠다. 미국 아빠들의
주무기는 숨바꼭질이다. 미국의 주거환경상 아주 절묘하게
맞아떨어지는 놀이다. 첫째, 숨을 곳이 많다. 책을 읽다보면

아빠랑 숨바꼭질하던 중 벽장에 숨었다 그만 잠이 들었다는 내용이 가끔 나오는 이유도 그만큼 숨바꼭질을 자주하기 때문이다. 한 가정사역전문가는 숨바꼭질이 아이들의 정서를 풀어주는 데 '딱'이라며 아빠들에게 권하기도 한다. 하루 종일 아빠 얼굴은 거의 볼 수 없던 아이들, 아빠에게 안기기도 하고 아빠랑 나가서 산책도 하고 아빠에게 자랑하고 싶은 것도 많지만 아빠들은 퇴근하고 집에 들어오면 다리 뻗고 쉬고 싶기만 하다. 서로 코드가 맞지 않는 악순환의 고리를 쉽게 끊는 방법이 아이들과 신나게 숨바꼭질을 한판 하는 것이다. 퇴근하자마자 옷도 벗기 전에

"자, 아빠가 열 센다. 빨리 숨어!"

숨바꼭질로 직행하여 5분만 쿵쾅 쿵쾅거리면 아빠를 그리워하던 아이들의 정서가 충족된다(아파트 생활이 많은 우리나라 실정에는 재고해 봐야 할지도 모르지만). 내가 아는 한 아빠는 집에 오면 아이들과 앉아 공기놀이를 한단다. 부인과 설거지 내기 시합도 하고.

남편은 아이들을 웃게 한다. 아이들을 위해 엽기적인 돌발 행동으로 망가지기를 마다하지 않는 숨겨진 코미디언이다(그냥 스스로 좋아서 그럴 수도 있다). 성대모사도 하고 김을 이에 붙여 맹구로 변신한다든지, 포도 알맹이를 몰래 코에 넣어 콧물이

흐르는 척 하기도 하며 당
근을 씹다가 토끼이빨을
만들어 웃겨주기도 한다.
문제는 바비인형처럼 우
아하게 생긴 세 딸도 똑같
이 따라한다는 것(집안 꼴이
영 말이 아니게 된다)이다.

남편은 아이들과 추억
을 쌓아간다. 아이들의 생
일이 되면 작게라도 파티
를 열어준다. 카드도 손
수 만들고 최근 몇 년 동
안 딸들의 주문으로 핀야
타(멕시코의 풍습으로 캔디가 가득 든
통을 나무 등 높은 곳에 매달아놓고 돌
아가면서 막대로 쳐 터지게 하는 놀이)
도 만들기 시작했다. 아이들의
자라는 모습을 담아 뮤직비디
오도 만들어준다.

여자아이들이라 그런지 허

엄마 연습

구한 날 공연놀이를 하며 논다. 요즘은 제법 그럴싸하게 공연준비도 하고, 춤도 세련되어졌으며 소재도 다양해졌다. 순간순간 포착된 장면들을 이어 음악을 덧입히면 어느새 아빠표 뮤직비디오가 완성되는 것이다. 아이들은 아빠가 직접 편집해 준 '자신들의' 뮤직비디오를 보면서 텔레비전 없이도 즐겁게 시간을 보내고 있다.

남편은 아이들에게 카드놀이를 가르친다. 숫자 개념을 깨치고 순발력을 기르는 데 참 좋은 것 같다. 내가 잘하는 카드놀이란 "우노" 밖에 없다. 그것도 나이가 들어서 배운 것이다. 아이들은 요즘 아빠 없이도 카드를 꺼내 돌린다. 엄마에게 한 수 가르쳐 주기도 하면서 말이다. 단어 만들기로 점수를 내는 스크러블 게임이나

아래쪽 탑을 하나씩 빼어 높이 쌓아가는 징가놀이도 아빠가 가르친 것이다(도대체 이 집 엄마는 하는 일이 뭔가?).

남편은 또 아이들에게 큰 나무가 되어준다. 집을 나설 때 세 딸은 차례로 아빠 품에 뛰어오른다. 그것도 베란다에 붙어서 하나, 둘, 셋을 외치면서 현관까지 뛰어오니 가속도까지 받아줘야 한다. 아빠는 훌쩍 커서 제법 무거운 큰딸부터 꼬맹이 셋째까지 번쩍번쩍 들 수 있어야 한다.

"에고~ 허리야."

2006 한국YMCA 통일자전거보내기
청소년 통일자전거
일은 자전거로
들 평화통
은 청소
한반도 곳곳을 자전거로
주합니다
2006. 8. 21(수)~10(목)

그러면서도 입은 함박웃음이 걸려있다. 분위기 좋은 날은 엄마까지 뛴다.

아이들에게 남편이 주는 가장 큰 선물은 아이들의 엄마인 나를 사랑하며 존중하는 것이다. 가끔 아이들의 시선이 느껴

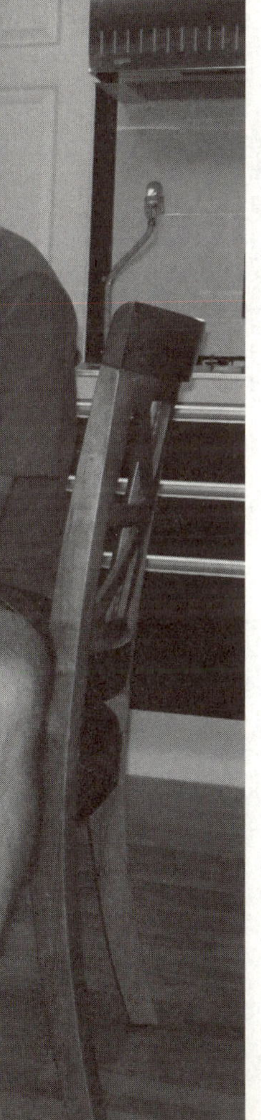

진다. 남편이 아내인 나를 안아주고 상의하고 함께 기도하고 더불어 우는 모습을 아이들은 진지한 눈으로 지켜보고 있다. 우리 딸들도 이 다음에 커서 평생 반려자를 찾게 될 터인데 어떤 남편을 만나면 좋을까 생각하며 우리 부부를 관찰하고 있을 것이다.

우리 집에서 남자라고는 유일한 남편, 그 사람 아빠, 그는 오늘도 하나님의 형상을 담은 모습을 가족들에게 나누기 위해 최선을 다하고 있다.

'아빠는 돈만 벌어다주면 되지 뭐. 성공하는 모습을 보여주면 충분할거야.'

그렇게 생각하는 아빠는 많이 없을 것이다. 그러나 방법을 몰라 그런 모습으로만 자녀들에게 비춰질 수는 있다. 아빠들도 자신만의 고유한 방법을 계발해 아이들과 소통하며 시간도 함께 보내고 자주 웃으며 행복한 삶의 울타리를 쌓아갈 수 있기를 바란다.